아모르파티

아모르파티

지설완 수필집

수필과비평사

끝날 것같지 않았던 무더운 여름이 사라졌습니다. 하늘은 애니메이션에 나오는 그림 같습니다. 밤마다 소란스러웠던 매미울음을 귀뚜라미가 대신해서 가을이라고 알려줍니다. 역시 세상 영원한 것은 없군요. '좋은 것도 나쁜 것도 다 지나가리니, 기뻐할 것도 슬퍼할 것도 없느니라' 합니다.

두 번째 수필집 『아모르파티』를 출판하게 되었습니다. 다행입니다.

지난해 펴낸 수필집 서문에 빠른 시일 내에 두 번째 수필집을 내겠다는 약속을 해버렸습니다. 뒤로 물러서지도 못하게 '배수의 진'의 친 것이지요. 저를 아끼는 이들에게 미리 약속하면 어떻게 해서라도 책을 내지 않을까 하는 저 나름의 비책이었습니다.

우연히 '죽음준비교육지도자' 과정을 공부하게 되었습니다. 프로그램을 끝내고 강의를 준비한 계기로 '메멘토모리'를 쓰기 시작했습니다. 그와 관련된 영화와 책 이야기도 풀어보았습니다.

코로나 19 때는 어린이집이 정상운영을 하지 않았습니다. 그 당시 일찍 하원 해야 하는 손녀와 같이 있느라 일 년 육 개월 정도 평일 아들네로 출근하였습니다. 그 인연으로 손녀와 지내면서 보고 느낀 일들도 놓치고 싶지 않았습니다.

붙잡고 싶은 것들은 많지만 그게 제 욕심대로 되나요. 제 손에 잡을 수 있는 만큼 담아보았습니다.

수필집 『아모르파티』 뒤표지 글을 써주신 한상렬 평론가님 고맙습니다. 저와 인연이 있는 모든 분들께 감사드립니다.

2025년 9월 선물처럼 다가 온 가을 날
지설완

2부

3부

4부

•

1부

•

메멘토모리- 1 어려운 문제

　살아있는 모든 존재는 언젠가 떠난다. 순서도 없다. 마지막 순간은 각자에게 다른 모습으로 다가온다. 급하게 떠나는 이별이 있고, 오랜 투병으로 힘들게 떠나는 이별이 있다. 각자가 믿는 종교에 의지하면 해결 못 할 바도 아니지만, 그것은 좀 여유 있을 때나 '하늘의 뜻' 이라거나, '인연 법'이라고 말할 수 있다. 막상 내 앞에 닥친 현실이면 답을 내릴 수 없는 어려운 문제가 된다. 지구가 존재하는 한 영원히 풀 수 없는 숙제가 아닐까.

　"갈 때 잠깐 앓다가 가야 해."라고 한다. 잠깐 앓아야 하는 이유는 '남겨진 이들이 서운해할까 봐', '이별할 시간은 있어야 하니까'란다. 친정어머니는 성모님께, 시어머니는 부처님께 기도한다. "조금만 아프다가 가게 해주세요." 그 일이 뜻대로 되는가. 그렇게 편하게 가는 것도 복을 많이 지어야 이루어진단다.

친구의 시어머니는 시골에서 자식의 배웅을 받지 못한 채 홀홀 떠났다. 그간 아픈 적도 없었단다. 이웃 간에 혼자 사는 노인들은 서로 들여다본다고 한다. 그 날도 이웃이 아침 인사차 갔다가 친구의 시어머니가 부엌에 쓰러진 것을 발견했다고 한다.

"차라리 잘 되었지. 사람일 알 수 없잖아. 몇 년 누워 있는 일이 생기면 어떻게 해. 좀 섭섭하다 싶을 때 가시는 게…." 차마 그 말에 맞장구를 칠 수가 없었다. 한 생명 사라지는 게 아무것도 아닌 일인가.

그 친구를 비난할 자격이 있을까. 나는 더 음흉한 사람이다. 의식 없이 가족들을 힘들게 한다면 '오히려 그게 낫지' 하는 생각을 어느새 하고 있다. 지금은 양쪽 어머니들이 건강하시니 '건강하게 오래 사시면 더 바랄 나위 없지'라고 선한 척한다.

"정신을 놓고 살아만 있으면 산 게 아니야. 인간이 자신의 존엄도 지키지 못하면 어찌 인간이라고 할 수 있어."라고 말하는 남편은 우리 둘 중 누군가에게 그런 일이 있으면 건강한 쪽이 정신 놓은 하나를 데리고 깊은 산속으로 들어가자나 뭐라나. 이렇게 말하는 남편이 오만스럽게 느껴진다. 실제 노부부가 화목하게 살다가 아내가 치매를 앓게 되자, 시간이 지나면 자신이 보살피기 어려워질까 해서, 함께 자동차를 타고 강으로 들어간 사건이 있었다. 하지만, 막상 죽음 앞에 서면 인간의 존엄성보다 생명 그 자체가 더 절실하지 않을까.

동생에게서 전화가 왔다. 동생은 시아버지 간호로 병원 왔다 갔다 하느라 바쁜데 좀 틈이 났나 보다. 며칠 연락이 없어서 걱정하던 중이었다. 두 달 전 사돈어른이 기침을 자주 해서 동네 내과에 갔다가 폐암 진단을 받았다. 대학병원에 가시 다시 검사를 받고 입원하게 되었는데, 동생 시아버지는 나이와 체력 때문에 수술도 받을 수가 없었다.

동생 부부는 퇴원한 아버지 모시고 방사선 치료받으러 다니기 시작했다. 일주일 정도 지났을까, 그 치료를 이기지 못해 한밤중 응급실에 가게 되었다. 온몸에 줄이 연결되어 힘들어하며 줄을 빼려고 하기도 했다고 한다. 치료로 회복된다는 보장이 있는 것이 아니니, 편하게 집에서 지내는 게 환자를 위한 일 아닐까 하는 생각은 했지만, 어디까지나 한 치 건너 내 생각일 뿐이다.

제부는 부친을 포기하지 않고 정성으로 간호하며, 찾을 수 있는 자료는 다 찾아 그 병에 좋다는 수입 약품도 어렵게 구입하기도 했다. "아버지가 링거 줄을 빼려고 하시는 기운이 아직 좋던데, 잘 치료하면 몇 년은 더 사실 거야"라고 한다. 정말 희망이 보여 그러는가. 타고난 효자이고 장남으로 도리를 다하느라 애를 쓰는 것이다. 동생은 그러는 자기 남편이 측은하단다.

동생네와 형제들은 당번을 정해 번갈아 밤을 지새우면서 간호했다. 회사 임원인 제부는 업무에는 차질 없이 처리하고 저러고 있는지. 아직 엄마 손이 필요한 조카들은 어쩌는지, 게다가 동생은 늘 병실을 지키는 시어머니의 식사를 챙겨 왔다가, 밤에야 집으로 간다고 한다.

"내가 도울 일은 없을까?" 하고 물으니, 동생은 "괜히 그래본 거야, 언니가 해줄 일은 없어." 하고 말한다. 동생에게 닥친 일은 어느 가정에나 일어날 수 있다. 내가 환자가 되었거나 가족 중 누군가 환자가 되어 돌봐야 할 수도 있다. 맘대로 할 수만 있다면 적당한 나이가 되어 친구 시어머니처럼 홀연히 떠나는 것이다. 하지만 그런 죽음이 정답일까? 이 모든 건, 정말 어려운 문제다.

— (수필 포에 2002 겨울호)

메멘토모리 2- 53호실에서 한 달 살기

삶을 계획대로 채우는 이들도 많지만, 나의 역사는 우연으로 점철되었다. 억지라고 하겠지만 나의 '한 달 살기'도 아주 우연히 시작되었다.

한때는 낯선 마을에서 한 달 정도 살면 좋겠다는 생각했다. 일상에서 벗어나 새로운 분위기에서 보내고 싶었다. 예전에 남편이 속초에서 근무할까 물었다. 나는 좋다고 했는데 웬일인가 전근이 성사되지 않았다. 그때 갔다면 지금 병실 복도를 산책하면서 속초 이야기로 꽃을 피우지 않았을까.

그 무렵엔 짬만 나면 '한 달 살기'를 꿈꿨었다. 친구 부부와 제주도에 놀러 갔을 때, 친구의 지인이 운영하는 펜션에서 며칠 묵었다. 한 달 숙박비를 묻자 펜션 주인은 싸게 해줄 수 있다고 했다. 그 가격에 그 환경이라면 충분히 가능하겠다는 생각에 가슴이 설렜다. 인터넷에서 제주 한 달 살기 경험담을 읽으며, 자동차를 가져갈지, 현지에서 렌트할지를 따지면서 즐거웠다.

태국 치앙마이를 관광을 했을 때도 그랬다. 가이드는 "이곳에 한국인들이 많이 살고 있다. 그들은 가끔 한국에 왔다 갔다 하며 몇 년째 살고 있다. 치앙마이는 기온이 낮고 물가도 저렴하고 주민들도 친절해서 한 달 살기에 좋다."라며 숙소 문제도 도와주겠다고 했다. 한국으로 돌아와서 치앙마이에 한 달을 살려면 무엇을 준비해야 할까, 비용을 얼마나 들까, 치앙마이 한 달 살기 내용이 있는 카페나 블로그를 찾아다녔다.

프랑스어를 눈으로만 공부하는 남편에게 '파리에 가서 프랑스어도 써봐야지 않겠어.' 하며 파리 한 달 살기도 꿈을 꾸었다. '유럽 도시에서 한 달 살기'에 관한 글을 읽어보면 쉽게 할 수 있을 듯했다. 파리 여행책을 들춰보고 숙소를 검색하고 관광지를 찾아보았다. 파리에 도착하면 그 숙소에서 며칠 푹 쉬면서 마트나 시장을 구경 하고 식품이나 필요한 것들을 사야겠지. 대중교통 이용법을 익혀서 버스나 전철 타고 돌아다닐 거야. 서두르지 않고 천천히 한 군데 미술관을 며칠 동안 봐야겠다.

거의 매일 제주도, 치앙마이, 파리를 옮겨 다니면서 머릿속으로 '한 달 살기'를 그렸다가 지우고 다시 그렸다. 불현듯 남편의 건강에 이상이 왔다. 수술하고 재수술, 그 후유증인지 신장에 문제가 생겼다. 외국에서의 한 달 살기는커녕 국내 여행도 어렵게 되었다.

몇 년이 지났다. 이제 신장이 더는 못 버티겠다고 아우성이다. 그대로 조절이 되었으면 좋았으련만 남편은 평소보다 숨을 못 쉬고 눕지도 못하는 응급상황이 발생했다. 어렵게 응급실에 들어가고 입원을 하게 되었다.

주치의는 이제 혈액투석을 시작하자고 한다. 최악의 시나리오다. 일주일에 세 번 받는 혈액투석으로 남편을 태우고 병원에 오가는 일이 이제 일상이 되던 어느 날 점심, 남편의 몸에 문제가 생겼다.

항생제와 해열제 주사도 소용없다. 오한과 고열을 잡을 수가 없었다. 여러 가지 검사를 해도 원인을 찾지 못하고 결국 종합병원에 입원 할 수밖에 없다.

응급실에서 이틀을 보내면서 여러 검사를 하다가 원인을 찾았다. 열흘 가까이 오한과 고열에 시달리게 한 원흉은 심장 내 균이다. 판막이 많이 상해서 한시라도 빨리 수술해야 한단다. 사망률이 몇십 퍼센트라면서 동의서에 서명하라는 말에 마치 넋이 나가는 것 같다. 남편 생명이 어찌 돼도 괜찮다는 동의서라니.

스크류에 빨려 가듯 시간이 지나니 남편의 심장 수술이 끝나고 중환자실을 거쳐 일반 병실로 와서 지금까지 입원해 있다. 항생제 치료는 사 주가 필요하다고 한다.

처음엔 삼인실밖에 자리가 없어 그 방에 짐을 풀었다. 며칠 후 다인실이 나왔다고 하는데 막상 옮기려니 망설여졌다. 남편도 다른 방으로 이사하기 싫었는지 나보고 알아서 하란다. 병실 비는 부담되는데 옮기고 싶지 않은 이 마음은 뭔가.

남편이 있는 53호실은 공간이 좀 특이했다. 가운데 공간은 식탁이 있으면 적당할 만큼 넓으며, 둘레에 세 개의 병상이 있다. 밤이면 창밖의 풍경은 마치 호텔 스카이라운지에 있는 듯했다. 와인을 들고 있는 그림이 절로 떠오를 만큼, 그야말로 '뷰'가 좋다.

병실 복도를 산책하다가 병실 비 이야기하게 되었다. "좀 부담스럽지만, 경치도 좋고 조용하고 공간도 넓으니 여행지에서 한 달 살기 했다고 생각하자.", 농담처럼 말하자 남편의 입꼬리가 살짝 올라간다.

그렇게 우연히 시작된 '53호실에서 한 달 살기'가 현실이 되었다. 삼성호텔에서 한 달 살기 하게 되었다고 하니 친구들은 잘 되었단다. 잠시 후 삼성병원에 입원하게 되었다는 내 말에, 그들은 웃지도 울지도 못한다. 제주도도, 치앙마이도, 파리도 날아가 버렸지만, 전망 좋은 병실에서 '한 달 살기'를 하게 되었다. '53호 병실에서 한 달 살기'가 선물처럼 몸과 마음을 힐링하는 시간으로 보낸다면, 불행 중 다행 아닌가.

– (수필과비평작가회의 27집 2021년 5월 31일)

메멘토모리 3- 너 안에 내가 있다

오랜만에 느끼는 기분 좋은 토요일 아침. 비가 내린 후, 초록은 더 싱그럽고 햇살은 곱다. 맑은 공기가 통통 소리를 내는 듯하다. 손녀는 거실에 있는 작은 텐트에서 놀다가 놀이터에서 놀겠단다. 놀이터로 간 손녀는 그네, 미끄럼틀, 시이소오 사이를 오가며 놀더니, 문득 병원에 있는 할아버지를 태우러 갈 시간이 되었냐고 묻는다.

남편은 몇 해 전 심장 수술 이후 신장 기능이 나빠져서 지속적으로 진료를 받아 오고 있었다. 지난 몇 달 동안 입·퇴원을 거듭하면서 최악의 상황이라고 생각한, 피하고 싶었던 혈액투석을 시작했다. 막상 현실이 되고 보니 생각보다는 비극은 아니다. 남편의 건강 상태가 좀 더 좋아지고 운동 시간이 점차 늘어났다.

손녀와 병원에서 남편을 태우고 근처 배수지 산책로를 올랐다. 그동안 남편은 약간의 경사로도 걷지 못했는데 몸이 좋아졌는지 올라가 보자고 한다. 손녀는 힘들다고 투덜대면서도 우리 앞에서 깡충거리며 걷는다. 비탈길을 조금 오르니 넓은 잔디밭이 보인다. 손녀는 함성을 지르며 뛰어간다. 약간 땀이 맺힐 무렵, 근처 카페로 들어갔다. 손녀는 '뭐 먹을까, 뭐 먹을까.' 하면서 케이크 진열장으로 달려간다.

집에 들어서니 아들 부부가 손녀를 데려 가려고 와 있다. 점심을 준비하는데 아들이 아빠가 이상하다고 소리친다. 남편의 온몸이 마구 흔들리고 있다. 오한이다. 오전에 다녀온 병원에 연락하니 바로 오라고 한다.

그날을 시작으로 일주일 동안 거의 매일 치러야 하는 일정처럼 오한과 고열이 왔다가 갔다. X-RAY 상 폐에는 이상이 없었다. 사흘이 지나도 증상이 지속되자 장기 감염 여부를 확인하기 위해 복막 CT를 찍었지만, 명확한 원인을 발견하지 못했다.

다시 토요일이다. 어버이날이어서 아들 가족이 왔다. 전날은 무사히 지나갔는데, 오늘 오전에 해열제와 항생제 주사를 맞고 왔음에도 또 오한이 왔다. 더는 할 수 있는 게 없다고 판단한 주치의는 종합병원에 전원을 권했다.

월요일 오전, 의뢰서를 받아 병원으로 가려는 순간 연락이 왔다. 단지 내 주차한 자동차를 다른 차가 접촉사고를 냈다는 것이다. 서비스센터 직원이 렌터카를 가져오고, 내 차는 가져갔다. 비까지 엄청나게 쏟아지고, 손에 익지 않은 자동차, 오한에 시달리는 환자. 이 어처구니없는 조합.

의뢰서 지참으로 바로 입원할 수 있으리라고 생각했는데 착각이었다. 요즘 응급실 가본 이들은 알 것이다. 환자들이 아무리 급해도 코로나 검사가 끝나야 응급실 현관을 입성할 수 있다. 응급실에서 기다리다가 사망하겠다는 슬픈 이야기가 괜히 나온 말이 아니다.

임시 주차장에 차를 대고, 정말 한없이 기다리며 차 안에서 혈압과 체온, 산소포화도 등 검사를 받다가 코로나검사 결과가 나오지 않았지만, 격리실로 옮겨졌다. 점심시간 전에 도착했지만, 응급실 병상을 배정받은 건 자정 무렵이었다.

각종 검사를 받으면서 하루가 지나고 저녁이 되었다. 잠시 자리를 비운 사이, 남편에게 퇴원하라고 했다고 한다. 고열과 오한의 원인도 찾지 못한 채 외래 진료 날 오라는 것이다. 한편으로는 '시간이 지나면 괜찮아지려나 보다' 하며 차 안에서 밤을 지내지 않아도 되는구나 좋아했다.

그때, 심장내과 의사가 심장 초음파를 찍어보자고 왔다. 모니터 속 검은색 배경에 회색의 움직이는 심장이 보였다. 의사가 놀리던 손을 정지하고 갸웃한다. 회색에서 무지개 불빛이 반짝이는 곳이 여러 곳에서 일어난다. 선배 의사를 부르더니, 다시 젤을 발라서 심장을 확인한다. 역시나 이곳저곳에서 '나 여기 있다.' 하듯 무지갯빛이 번쩍인다.

"심장 판막에 큰 균이 있는데요? 내일 아침 중환자실에 입원해서 정밀 검사 후 다시 이야기합시다."

다음 날, '심장 내시경 초음파'를 하겠다고 한다. '위내시경'처럼 심장을 더 자세히 보기 위해 목 안으로 관을 넣어 심장을 검사한다. 몇 시간 후 보호자인 나를 부른다.

"수술해야 합니다. 판막이 많이 손상되었고 이 정도면 뇌에도 좀 균이 갔을 가능성이 큽니다. 판막을 교체해야 하는데 인공 판막에는 기계 판막과 조직 판막이 있는데, 열어본 후 결정하겠습니다."

남편은 몇 년 사이 남들은 한 번도 해볼까 말까 한 흉부를 세 번이나 열게 된다. 젊은 의사가 수술 설명을 한 후 동의서 서명을 몇 군데 하게 한다. 약해진 남편이 이 수술을 잘 견딜까 불안해 하는 내게 의사는 "사망률이 20% 입니다."라고 한다. 그는 자기 형제 부모가 이런 상황이 되면 사망률이 이십 퍼센트라고 심드렁하게 말할까.

"꼭 지금 해야 하나요?" 하고 투덜거리듯 말하자, 그는 덧붙였다.

"해야 합니다. 안 하면 그 균 덩어리가 심장을 공격하면 심장 마비가 되고 뇌를 건드리면…."

기시감이 느껴지는 순간이다. 예전에 보았던 드라마의 한 장면이 떠오른다. 딸의 결혼식까지 미뤄보자는 환자에게 의사는 무표정하게 저런 말을 했었다. 이제는 내가 그 화면의 보호자가 되어, 내 의사는 아무짝에도 쓸모없이, 그저 그들이 동그라미 친 곳에 서명할 수밖에 없었다.

돌풍에 휩쓸렸다가 정신을 차리니 몇 년 전처럼 수술 중 전광판에 남편의 이름이 뜬다. 멍하게 전광판을 보면서 남편보다 늦게 들어간 사람이 회복실에 있다고 하면 남편은 왜 이리 못 나올까. 남편보다 먼저 들어간 사람 명단을 보면 저렇게 오래도록 수술받고 못 나오는 이도 있구나.

마침내 남편이 중환자실에 있다는 안내방송과 전광판 문자가 동시에 나온다. "OOO 환자 보호자는 중환자실로 오라"는 방송도 함께 들린다. 의사는 "심장 판막에 균 덩어리가 덜렁거리고 있고 예상대로 많이 손상되어서 기계 판막으로 교체했다. 수술은 잘 되었다."라고 한다.

균 덩어리는 조용히 심장 안에서 숨죽이고 있다가, 주인이 숨을 몰아쉴 때 함께 고통을 느꼈던 걸까. 주인이 고열과 오한으로 견디지 못하자, 마침내 그 존재를 알리느라고 종주먹을 들이대며 외치고 있었다.

"너 안에 내가 있다"

– (인천문단 50집 2021년 5월 30일)

메멘토모리 4- 가시 울타리에 갇히다

하늘은 왜 저리 높고 푸른지. 차가운 공기 속에 '쩡' 소리를 내면서 깨질 듯한 맑고 쾌청한 공기다. 자유로운 공기를 폐 속으로 깊게 들이마신다. 새로 깐 아스팔트 산뜻한 도로가 눈과 얼음으로 덥힌 인도와 선명하게 대비되고 있다. 공사가 마무리되지 않은 아파트 단지 거리에는 차량이 한 대도 없다. 길 한 가운데를 춤추듯이 혼자 걷는다.

지난 목요일. 여느 때처럼 남편을 병원에 내려주고 차를 돌렸다. 신호가 끊이지 않고 이어져 단숨에 문학 터널 사거리까지 왔다. 좌회전만 받고 가면 집이다. 도착하자마자 '뭘 먹을까' 궁리한다. 샌드위치? 냉동 아보카도에 명란 비빔? 아니면 그냥 삶은 달걀에 샐러드? 생각하는 것도 즐겁다. 남편을 데리러 가기 전 세 시간, 음악이나 들으면서 읽다 만 책이나 마저 읽자.

좌회전 신호 받으려는 순간, 무음으로 설정해 둔 휴대폰 화면이 깜빡인다. 남편이 다니는 의원이다. 빛의 속도로 '응급상황이겠다.' 는 생각을 한다. 이런 예감측은 빗나가도 좋은데.

병원에서는 '환자가 잘못될까' 봐 겁이 나는지 빨리 종합병원 응급실로 보내려고 한다. 일단 119구급차를 탔다. 구급차 대원에게 지금 관내 응급실에 가도 검사만 받고, 결국 원래 수술했던 병원으로 가야 할 거라고 했다. 그들은 몇 가지 검사를 하고 환자의 서명을 받고, 우리를 승용차가 있는 곳에 내려주었다.

작년 경험으로 보면, 이번 응급실 입성은 아주 쉬웠다. 추운 곳에서 열 시간 가까이 대기하고 있다가 응급실 침대를 배정받은 것을 생각하면, 엄청난 특혜를 받은 기분이다.
환자의 응급상황은 바로 호전되었고, 주치의는 이삼일 정도 치료받으면 퇴원이 가능하다고 했다. 어스름한 저녁이 되니 남편은 할 일 없이 응급실 침대에 앉아 있다. 이틀 정도 입원해야 하므로 입원실이 비기를 기다리고 있다. 나는 이층 복도에 있는 의자에 누웠다. 어두운 복도, 벽에 있는 충전기 박스에서 울리는 벨 소리가 꿈결처럼 들린다. 응급실로 오라고 하는 남편의 전화다.

남편이 코로나 확진 판정을 받았다고 한다. 내려오니 흔적도 없었던 두꺼운 비닐 커튼이 응급실 침상마다 내려져 있다.

수문 골 밖으로 전염병 환자 내다 버리는 모양새다. 복도를 통하면 바로 갈 수 있는 곳을, 이 엄동설한에 얇은 린넨복을 입은 환자를 건물 밖으로 끌고 나와, 인적이 없는 길을 달려서 격리병실로 데려간다. 반 평 남짓한 병실은 좁은 침대와 플라스틱 의자가 있다. 나는 먹거리와 약을 챙기러 집에 다녀와야했다. 어느 누구와도 접촉하지 않고, 집에만 갔다 오겠다고 약속을 하고 갔다왔다.

좁은 의자에서 졸다가 자다가 하면서 아침이 되었다. 오후가 되니 병원 이송팀이 와서, 환자를 음압 병실로 옮겨야 한단다. 챙기느라 애썼지만, 휴대폰 충전기를 빠뜨렸다. 찾으러 병실 밖을 나서자, 간호사는 '맘대로 돌아다니면 안 된다'고 내쏜다.

음압 병동은 온종일 기계 소음이 들린다. 병실 내부 기압을 인위적으로 떨어뜨려 병실의 병균이나 바이러스가 병실 밖으로 퍼져나가지 못하게 하는 시스템이다. 환자도 보호자도 병실 밖을 나갈 수 없다. '위리안치'가 생각난다. 죄인을 대나무 울타리 안에 가두는 형벌이다. 그나마 '위리안치'는 집 마당이라도 거닐 수 있다.

병실 복도를 걸어 다니고 커피 생각이 나면 매점을 갔다 오곤 하던 지난해 일반 병실 생활이 '위리안치'다. 하지만 지금은 '천극안치(栫棘安置)'이다. 방 앞에 가시가 많은 탱자나무를 둘러심어, 죄인이 방 밖을 못 나왔다고 한다. 딱 지금의 내 처지다.

그나마 음압 병동은 응급실에 있는 격리실보다는 업그레이드가 되었다. 허리를 펼 수 있는 보조 침대가 있으니, 감지덕지해야 할 일이다. 남편의 격리가 해제되기 전까지 이곳에서 나는 형 아닌 형을 살아야 한다.

밖에 폭설이 내리는지, 혹한인지, 흐린지, 맑은지 모른다.

자기 방문 밖을 내다볼 수 있고, 먹거리는 해결해주는 이가 있는 '천극안치'보다 더 심한 형벌이 아닐까. 이리도 좁은 침상에서 떨어지지 않고 잠이 드는 내가 신기하다. 눈 뜨면 세수하고, 가지고 온 금강경을 읽는다. 휴대폰 영상을 켜고 국민체조를 한다. 블로그에 일기를 끼적인다. 그렇게 아침이 시작된다.

'위리안치'니 '천극안치'니 떠든다고 "네가 무슨 양반 고급관리냐"고 묻지 마시라. 말이 그렇다는 것이다. 영화 〈자산어보〉를 보면 '정약전'은 흑산도에서 절도 안치형을 사신 것이고, 다산 정약용은 '위리안치' 유배형을 사셨다. 이분들은 안치유배를 사시면서 엄청난 업적을 남기셨다. 그렇다면 나도 '천극안치' 형을 살면서 이 억울함을 보상받으려면 미미한 업적이라도 남겨야 할 텐데 고민이다.

'安置'

하급관리나 서민은 해당되지 않고 왕족이나 고위관리 등에만 적용되는 유배형. 유배지에서도 거주지를 강제로 제한하였기에 杜門不出이라고도 하였다. 결혼하지 않은 자녀와 상봉할 없으나, 부모와 결혼한 자녀에게는 상봉이 허락되었다.

안치에는 다음과 같은 구분이 있다.

1. 절도안치(絶島安置) 본인 혼자 육지에서 멀리 떨어진 섬에서 유형 생활을 치르는 중죄인 안치

2. 위리안치(圍籬安置) 가극 안치라고도 함. 본인의 거주지를 제한하기 위해 집 둘레에 울타리를 둘러치거나 탱자나무 가시덤불로 싸서 외인의 출입을 금한 중죄인의 안치

3. 천극안치(栫棘安置) 위리안치된 죄인이 기거하는 방 둘레에 탱자나무 가시를 둘러쳐 위리안치 하는 것으로써 위리안치보다 무거운 형벌이었다

4. 본향안치(本鄕安置):본인의 고향에서만 유배 생활을 하도록 하는 가벼운 죄인의 안치 등이다.

자료:네이버 지식백과에서

메멘토모리 5- 모든 인간은 죽는다

이른 아침 병원을 향해 가는 길이다. 이런저런 이야기를 하다가 남편에게 물었다. 요즘 한국 여자들 평균 수명이 얼마나 될까. 한 여든여섯쯤 되나. 그럼 나는 앞으로 이십 년쯤 남았다는 뜻이네. 남자들 얼마나 되지. 일흔여덟쯤? 그럼 당신은 팔 년쯤 더 살면 과업 달성이네.

'유퀴즈~' 라는 예능 프로그램에서 '00 엔터테인먼트'의 대표가 출연했다. 그는 스스로 묻고 스스로 답을 했다. "사람들이 살아가는 목표는 무엇인가. 결국, 행복한 삶이다. 그 목표를 이루어 행복한 삶을 살고 있다고 하자. 그럼에도 결국 언젠가는 죽음이 찾아오지 않을까."

그는 사회자에게 "'죽음'을 무엇이라고 생각하느냐. '죽음'을 생각하면 무섭긴 해요?" 사회자는 "무섭기보다는 예측을 할 수 없어서 슬프고 갑갑하고, 생각해보려고 하다가 깊게 다가갈 용기가 나지 않는다."라고 했다. "죽음을 생각하고 큰 목표를 세우고 그것을 향해 가기보다는 그저 오늘을 열심히 살아야겠다는 그런 생각을 하게 된다."고 했다. 대표는 인생을 길에 비유했다. "시작은 탄생이고 끝은 죽음인데 시작과 끝을 모른 채 걷는다면 인생이 흔들릴 수도 있겠다. 무엇을 위해 사는가. 죽음은 무엇일까 자주 고민을 한다."고 했다. 죽음을 주제로 시청자들과 나누는 그가 다르게 보였다.

'시몬느 드 보부아르'의 소설인 《모든 인간은 죽는다》의 주인공은 불멸의 인간이다. 젊은 날의 욕망을 좇아 1270년대부터 1940년대까지 살아간다. 그는 행복했을까. 부모는 물론이고 형제와 친구, 그 자식들까지도 떠난다. 사랑하고 좋아했던 이들이 모두 사라진 뒤, 그는 그저 살아있는 존재일 뿐이다. 영원한 삶을 꿈꿨지만, 사랑할 대상이 사라진 세상에서 그는 모든 것이 허무하다는 사실을 깨닫는다.

《모든 인간을 죽는다》는 이렇게 말하는 것 아닐까. 삶이 빛나는 이유는 그것이 끝을 향해 가는 여정이기 때문이라고. '생자필

멸生者必滅', 살아있는 자는 반드시 죽음을 맞이하기 때문이다.

'메멘토모리'는 '자신이 언젠가 죽는 존재임을 잊지 마라.' 는 뜻이다. 고대 로마의 개선식에서 승리한 장군이 전차를 타고 환호 속을 지나갈 때, 네 마리의 말이 이끄는 전차를 타고 '마馬퍼레이드'를 진행한다. 장군은 신처럼 숭배받는 듯한 감동에 벅차 있으리라. 이때 함께 탑승하고 있는 노예가 장군에게 속삭인다. 다른 자료에서는 행진할 때 뒤에서 오는 노예가 큰소리로 외친다고 한다. '메멘토 모리~~'

인간이기 때문에 생명의 끝이 있고, 인간이기 때문에 하늘을 찌를 듯한 공을 세워도 인간일 뿐이고 신이 될 수는 없다고 하는 경고다.

메멘토 모리를 이야기하면, '이 또한 지나가리라(hoc quoque transibit)'를 지나칠 수가 없다. 나는 종종 힘든 일이 닥칠 때 '이 고통과 불행은 다 지나가니 너무 슬퍼하고 고통스러워하지 말자'라는 의미로 썼다. 전쟁에 승리한 왕의 반지에 'hoc quoque transibit'을 새겨서 지금 누리는 행복과 명예도 때가 되면 지나가니, 너무 좋아하지 말고 자중하고 겸손하라는 의미였단다. 그럼에도 여전히 나는 좋은 일이 생기면 당연하게 여기고, 힘든 일이 닥치면 "이 또한 지나가리라."라는 말을 하겠지.

'죽음은 무엇일까' 나는 내게, 그리고 타인에게도 이 질문을 던져본다. 끝인가. 새로운 시작인가. 숨이 멈춘 후, 나는 완전히 사라지는가. 아니면 영혼이 되어 허공을 떠도는가. 영혼은 정말 존재할까. 죽음은 두려움인가, 공포인가, 어두움인가, 혼란인가. 나는 죽음을 허겁지겁 맞이하고 싶지 않다. 가능하다면 조용히, 여유롭게 맞이하고 싶다.

'스코트 니어링'은 백세가 되어 음식을 거부하며 평온하게 생을 마감했다. 그의 글은 마치 이렇게 말하는 것 같았다. "죽음? 별거 아냐, 또 다른 삶이 시작일 뿐이야."

많은 사람은 죽음을 끝으로 생각하지만, 우리 같은 사람들에게는 죽음은 변화지. 낮에서 밤으로 바뀌는 것과 비슷하게, 언제나 또 다른 날로 이어지지. 두 번 다시 같은 날이 오지 않지만, 오늘이 가면 또 내일이 오네.

사람의 몸뚱이는 생명력이 빠져나가면서 먼지로 바뀌지만 다른 모습을 띤 삶이 생명력을 받아 이어진다네. 우리가 죽음이라 부르는 변화는 우리 몸으로 보아서는 끝이지만, 같은 생명력이 더 높은 단계에 접어드는 시작이라고 볼 수 있지. 나는 어떤 식으로든 되살아남 또는 이어짐을 믿네. 우리 삶은 그렇게 계속되는 것이네.

스코트니어링《아름다운 삶, 사랑 그리고 마무리》에서

지금 병원 18층 창가에 앉아 석양을 바라보고 있다. 건물 사이로 스며드는 저녁 빛이 참 곱다. 잠시 후면 고층빌딩들의 불빛이 허공을 수 놓겠지. 눈 아래로 만개한 벚꽃이 흐드러진다.

사위어 가는 석양 아래, 꽃잎은 서서히 제 빛을 잃고 있다. 이 화사한 연분홍 꽃이 연두빛에서 다시 짙은 초록으로 변하다가, 앙상하고 헐벗은 나무가 되지만 다시 시간이 가면, 새로운 분홍 꽃이 나타나겠지.

승용차들이 물밀 듯 병원 입구로 흘러들어온다. 다시 오는 봄에 새로운 벚꽃이 탐스럽게 피듯 삶은 그렇게 이어지고, 죽음은 그렇게 다가온다. 우리는 안다. '이 또한 지나가리라. 그리고 다시 또 오리라는 것을'

– (에세이포레 2021 여름호)

*한국인 평균 수명을 검색하니 2019년 여자는 86.3세, 남자는 80.3세다.

메멘토모리 6- 아모르 파티

자동차 범퍼 위에 빗방울들이 맺히고 사라지고, 다시 맺힌다. 방금 사라진 물방울과 지금 물방울은 같지 않다. 영겁의 거대한 우주 속에서는 나의 삶도 범퍼 위에 빗방울과 같다.

영원할 것처럼 살던 때가 있었는데, 눈을 한 번 깜빡이니 이제는 앞으로 남은 날이 더 눈에 보이는 듯하다. 그렇다고 죽음과 삶을 연장선에 놓고 생각하는 성숙함도 없다.

당연히 나도 언젠가는 죽음을 맞이한다. 누군가 그랬다. 탄생은 우연이고 죽음은 필연이라고. 사건 기사를 보면 나의 죽음이 오늘 일 수도 있다. 그렇다고 죽음을 편안하게 생각할 위인도 못 된다. 죽음 이후의 생이 어떤지 모르기에, 지금의 삶이 끝난다는 사실이 두렵다. 죽음이 두려운 건 왜인가.

행복해서는 아닐 텐데 아마도 경험해본 적이 없어서겠지.

최근 광주에서 철거 중인 건물이 무너지면서 정류장에 정차하던 버스를 덮쳐, 열일곱 명이 황망한 죽음을 맞이 했다. 정신 질환자에게 살해 당한 의사의 안타까운소식. 다큐멘터리 영화 '밥정'의 주인공이며, 방랑식객으로 알려진 요리사가 갑자기 심장마비로 유명을 달리했다는 기사도 있었다. 하루에도 몇 번씩 마주치는 죽음의 소식들, 그 가운데 남겨진 이들에게는 "모든 인간은 죽는다."라는 말은 아무런 위안이 되지 않는다.

남편은 한 달 넘게 병원에 입원했다. 병실에 오래 머물다 보면, 함께 머무는 보호자들의 사정이 궁금해진다. 왜 입원을 했을까. 어떤 수술을 했을까. 퇴원은 언제 하게 될까. 옆 병상 보호자가 나에게 남편이 왜 입원했는지 묻는다. 그이는 자기 남편이 이번에는 회복하기 어렵겠다면서 안타까워 한다. 나이가 몇이냐는 나의 물음에 OO살이라고 한다. 난 "그만하면 오래 사셨네요."라고 할 뻔했다. 그이의 안타까움과 애틋함은 갑작스러운 사고나 질병으로 어린 자녀를 잃거나 젊은 배우자를 잃은 이들의 상실보다 덜하다고 말할 수 없다.

'유발 하라리'는 그의 저서『호모 데우스』에서 '인간의 죽음이 예전에는 신의 영역이었지만 이젠 과학의 영역으로~ 오히려 현대인에게 죽음은 해결할 수 있고 해결해야만 하는 기술적 문제이다', '생명이 과학적인 기술로 영원해질 수도 있다'라고 했다. 하지만 아직은 닿을 수 없는 허구일 뿐이다. 진실은 '죽음은 누구에게나 찾아온다.'는 것이다.

우연히 인터넷 방송에서 비겔란 조각공원에 대한 영상을 보았다. 십수 년 전 그곳을 가본 적이 있다. 오슬로 시청을 돌아본 뒤 들른 공원은 여느 관광지보다 훨씬 오랜 시간을 머물렀다. '북유럽의 로댕'이라 불리는 '구스타프 비겔란'은 오슬로시에 작품을 기증하기로 하고 수년간 화강암과 청동으로 수백 점의 조각을 완성했다. 그 조각들은 인간의 탄생, 성장, 기쁨, 고통 가족, 사랑, 이별, 질병, 그리고 죽음을 묘사한다.

그때는 그저 '삶의 희로애락을 형상화했구나!'라고만 생각했다. '메멘토모리(죽음을 기억하라)'를 떠올리지도 못했다.

그런데 영상을 보고 다시 사진을 들여다보니 나에게 새로운 말을 걸어오고 있었다.

그중 가장 인상적인 것은, 십칠 미터 높이의 화강암 기둥 '모놀리츠(MONOLITH)'였다. 121명의 인간 형상이 엉켜 위로 오르고 있다. 끝을 알 수 없이 오르다 보면 결국 무엇을 만나게 될까. 고개를 꺾고 봐도 그 끝이 잘 보이지 않는다. 끝에 다다른 이들은 무엇을 보았을까. 영생인가. 도달한 이들이 이렇게 말하는 듯하다. '죽도록 고생하고 올라왔는데, 허무해. 올라와 보니 별거 없군, 다시 내려갈 수도 없어. 결국은 '메멘토 모리' (죽음을 기억하라), 현재 있는 곳에서 재미있게 살아.'라고 말할지도. 혹은 '아모르파티'라고 하지 않았을까. '아모르파티'는 주어진 운명을 받아들이고 사랑하라는 뜻으로 니체의 사상 가운데 하나다.

이제 양쪽 부모님은 다 떠났고, 친구 중에는 좀 이르다 싶게 떠난 이도 있다. 친구들의 배우자나 남편의 친구들 역시 하나둘 세상을 떠났다. '살아있는 모든 것은 병들고 죽는다.'라는 진실 앞에, 죽음은 여전히 두렵고 슬프다.

'카르페 디엠(carpe diem)'은 '현재를 잡아라'라는, 의미의 라틴어로 로마의 시인 '호라티우스' 시에서 유래한다. 로마시인 호라티우스가 남긴 이 말은 '현재는 미래 만큼이나 중요하다'는 것이다. 한동일의 『라틴어 수업』에서 '인간은 영원으로부터 와서 유한으로 살다가 영원으로 돌아가는 존재이다. 나는 고통스러우나 영원이라는 시간 속에서 보면 그저 흘러가는 한점과 같을 것이다. 그것이 현실이라면 더 작고 보잘것없는 존재로 사라지고 싶지 않다.' 라고 했다.

몇천 년 전의 고대인이나 현대의 현인들은 '죽음을 기억하라. 그러나 절망하지 말라. 너 자신을 사랑하고 지금 이 순간을 즐기며 살아라.' 이렇게 속삭인다. '아모르 파티~' 흥겨운 멜로디가 울려 퍼진다. 폭우 속 아주 작은 물방울 같은 존재라 해도, 지금 살아있다는 사실이 소중하다.

— (에세이포레 2021 겨울)

메멘토모리 7- 헛되고 헛되다

'헛되고 헛되며 헛되고 헛되니 모든 것이 헛되도다. (vanit as,vanitatum, dixit ecclexsiastes; vanitas, vanitatum, et omnia vanitas (Ecclesiastes 1;2))' 성경 전도서 1장 2절에 나오는 이 구절은 유럽 회화에서 '바니타스'라는 장르로 다시 태어났다. 라틴어 'vanitas' 는 '덧없음' 혹은 '허무'를 뜻한다.

바니타스 정물화는 인간의 삶의 무상함과 죽음의 불가피함을 해골, 꺼진 초, 모래시계, 골동품 같은 상징들로 표현한다. 17세기 네덜란드, '30년 전쟁' 직후의 혼란과 허무 속에서 이 화풍은 번성했다.

해골은 죽음과 부패를 말하고, 시계는 얼마 남지 않은 유한한 시간. 꺼진 등잔이나 촛불은 시간의 경과, 죽음이 코앞에 있음을 뜻한다. 책은 지식의 무용함을 나타내고 싶은 것이다. 책은 인류의 경험과 지식을 담고 있는 것으로 인간 존재의 유한함을 극복한다는 의미이기도 하지만 해골 아래 놓인 책은 죽음 앞에서 지식과 지혜도 영원한 진리가 될 수 없음을 말한다. 이 모든 것들은 '죽음을 기억하라(memento mori)'라고 속삭인다.

중세 말에 흑사병과 긴 전쟁 등의 끔찍한 재앙과 비극으로 많은 이들은 고통과 절망에서 헤어나지 못했다. 그 재앙과 비극이 사라지고, 삶은 여유로워졌으나 영원한 것은 없다는 것, 지식과 시간과 명예 등등 다 사라진다는 것을 절실하게 느꼈으리라. 바니타스 그림은 재물이 많다고, 명예가 있다고, 뭘 좀 가졌다고 요즘 말로 '깝치지 말라'고 경고하고 있다.

나는 최근 남편과 함께 병원에 시신 기증 신청서를 썼다. 현실적인 결단이면서 죽음에 대한 태도를 정리하는 작은 의식이리라.

아들이 인천에 출장을 왔다고 점심을 먹으러 오겠다고 한다. 점심 식사 후 차를 마시던 중, 남편이 '우리 세 식구가 오랜만에 모였네.' 한다. 그러고 보니 아들이 결혼한 이후 아들을 따로 만난 일이 없었다. 남편은 모처럼 모였으니 할 말이 있다고 한다. "시신기증을 하려고 해."라고 말했다. 아들은 당황한 표정이다. 남편은 미리 공부한 것처럼 '시신 기부'에 대해 설명을 했다.

이런저런 일들을 보고 다음 날 병원에 갔다. 남편은 나를 보자마자 신청서를 가져왔는지 묻는다. 나는 "천천히 생각하고 보내도 늦지 않아요. '사전연명의료의향서' 신청을 먼저하고 합시다."라고 했다. 그는 결심했을 때 바로 보내고 싶단다. 나도 무덤이나 봉안당에 남고 싶지는 않다는 생각을 해왔던지라 같이 신청서를 썼다.

병원 로비에서 아들을 만났다. 남편은 아들에게 신청서를 내놓는다. 아들은 남편의 생각을 바꿀 수 없다고 여겼는지, 서명했다. 그는 내게 집에 가면서 꼭 보내라고 한다.

다음 날. 병원 3층에 있는 사전연명의료의향서 상담실에 갔다. 상담사는 우리에게 내용 설명을 한 후, 이름과 주민등록번호 그리고 전화번호 등을 적으라고 양식을 준다. 상담사의 태블릿에 사인했다. 의향서는 입원한 병원에서 신청했지만, 그 파일은 국립연명의료관리기관에 등록된다고 한다. 죽음을 하나의 '과정'으로 바라보게 되는, 그런 단계에 들어선 것 같았다

독서모임에서 기독교인 몇 분은 진정 죽음 후의 세계를 기대한다고 한다. 하나님을 빨리 만나고 싶다고, 나는 그런 경지에는 도달하지 못할 것이다. 단지 죽음이 삶의 계획된 순서며 '피할 수 없으면 즐겨라.'라고 나를 어르고 달래는 수준이다. 순서가 없는 죽음, 오늘이 될지, 일 년 후, 십 년 후 모를 일이다. 죽음은 삶이라는 언덕에서 멈춰 설 수밖에 없는 막다른 골목이다. 아직도 내게는 죽음은 '어쩔 수 없는 과정'이다. 죽음은 낯설다.

오르막이 순해서 무덤들이 있는 곳을 향해 걷는다. 단정하게 손질된 무덤은 사라져간다. 어수선하다. 빨간 글씨로 쓴 개장공고 현수막이 이곳저곳에서 펄럭인다. 그 현수막들은 오래되어 누렇게 바래고 찢긴 모습, 푸른 때는 간 곳 없고 봉분은 무너지고 묘역엔 풀 대신 허무만 자란다. '바니타스 정물화'가 생각난다. 무덤에 묻힌 이를 생각하면서 습관대로 '나무아미타불'을 중얼거린다.

– (에세이포레 2022 겨울호)

*30년 전쟁은 합스부르크 왕가가 로마 가톨릭과 연합해 반종교
개혁을 주장하며 스페인 지배하에 있던 네덜란드를 가톨릭으로 개
종시키려고 했던 사건.

죽음을 맞이하는 바니타스 명화 5 중에서– 현암사

메멘토모리 8- 따뜻한 이별
영화 〈행복목욕탕〉

'코로나 펜데믹' 이 시작되면서 일주일에 두어 번 가던 목욕탕에 스스로 '접근 금지'했었다. 따끈한 물에 몸을 담그던 행복이 이제는 추억이 되었다. 마니아들은 마스크 쓰고 목욕을 한다고도 했다. 5월 초부터 코로나 확진자 격리 의무를 7일에서 5일로 단축, 마스크 착용 의무도 '전면 권고'로 전환할 계획이라고 한다.

영화 〈행복목욕탕〉은 가족이라고 하기에는 서글픈 구성원의 서사다. 가족에 대한 편견과 고정관념으로 굳어진 나의 한계이리라. 사람과 사람의 운명 같은 인연을 보듬고 사랑하는 사람들의 기록이다. 자신을 태워서 가족(이라고 생각

하는)에게 사랑을 남기고 책임을 다하고 가는 이의 이야기이
다.

2016년에 제작된 이 영화는 '나카노 료타' 감독의 작품으
로, '미야자와 리에', '스기사키 하나', '오다기리 조' 등이 출연
한다. 영화는 "사장이 수증기처럼 사라졌다. 목욕탕을 당분
간 쉽니다."라는 안내문으로 시작된다. 후타바는 남편 '가즈
히로'가 집을 나가는 바람에 생업인 목욕탕을 접고 아르바이
트를 하면서, 학교폭력으로 시달리고 있는 딸과 산다.

딸이 다니는 학교에서 연락이 온다. 후타바는 교복과 얼굴
에 그림물감이 범벅인 채 울고 있는 딸을 만난다. 그 와중에
도 "색 하나가 빠졌네."라며 웃고 우는 아이를 보며, '후타바'
는 학교에 가려고 하지 않는 딸에게 용기를 내서 상황을 넘
어서라고 한다. 후타바는 자신의 삶이 삼 개월 남짓 남았다
는 것을 알고, 딸을 위해 할 수 있는 일을 시작한다.

후타바는 엄마가 없이 살아야 할 딸을 위해 남편을 찾아낸
다. 남편은 또 다른 딸 '아유코'와 살고 있다. 후타바는 조각
난 인연들을 한 자리에 모은다. 목욕탕을 다시 열기 위해 네

식구는 동네 골목마다 전단을 붙이고 손님을 기다린다. 겨우 살아가는 이들에게 목욕탕은 단순한 생계 수단이 아니라 서로의 체온을 되찾는 매개이자, 불편하고 불안한 감정을 녹여내는 공간이었다.

후타바는 두 딸과 함께 여행을 떠난다. 언제 쓰러질지 모를 몸을 이끌고 그녀는 마지막 수행이라도 하듯 담담하고도 비장하다. 무기력하게 목적 없이 무전여행을 하는 '무카이 다쿠미'가 합류한다. 후타바는 그 청년도 보듬는다. 후타바도 마음의 상처가 크지만, 두 딸과 길에서 만나 청년에게 어른이 무엇인지 보여주며 자신의 상처도 직시한다.

'모성'의 상실이 인간의 근원적인 상처인가. '엄마'에게 버림받고 상처를 입은 사람들의 이야기가 왜 모든 미디어의 단골 소재가 되는가. '아즈미'에게 수화를 배우게 했던 후타바는 '아즈미'가 친모와 수화로 대화하는 모습을 복잡한 표정으로 바라본다. '후타바' 도 어릴 때 엄마에게 버림 받은 상처가 있다. 죽음을 앞두고 친엄마가 있는 곳을 찾았지만 후타바의 간절함에도 '자기에게는 딸이 없다.'는 친모의 말을 듣게 된다. 만일 친모가 후타바를 만나주었다면 영화는 비현실적인 판타지가 되었겠지. 세상은 냉정하고 제멋대로이니까.

　남편은 죽음을 앞둔 후타바에게 인간피라미드를 만들어 신혼여행에서 못지킨 약속을 지켜 그녀를 감동시킨다. '아즈미'의 눈물은 '후타바'를 공포와 외로움에서 자유롭게 한다. 포기하던 삶에 미련이 생긴다. 가족을 떠나려니 힘들다. 사랑하는 이를 안타깝게 보내야하는 가족들의 이야기는 계속되리라.

　친구들은 농담처럼 '지금 떠나도 전혀 이상하지 않을 나이'라고 말한다. 나 역시 주변 사람들과 소풍을 왔다가 먼저 일어나면서 '잘 있어'라고 인사를 하고 일어날 수도 있고, 미처 인사를 못 하고 황망하게 떠날 수도 있다.

　후타바 가족과 지인들은 암묵적인 모의를 마친 후다. 가족들은 묘지로 향한다. 마치 '후타바'는 먼저 볼 일이 있어 사라진 것처럼, 가족들은 묘지공원에서 즐거운 표정으로 주먹밥을 먹고 있다.

　영화의 마지막 장면은 꽃으로 가득한 후타바의 사진과 굴뚝에서 피어오르는 연기로 어지럽다. 탕 안의 가족들은 "따뜻하다"고 말하며 미소를 짓는다. 후타바는 좋은 어른이고 엄마로서 사랑을 남겼다. "사랑은 모두를 품어주고, 슬픔과 절망을 녹일 수 있어. 죽음이 끝은 아니지. 그들의 마음에 내가 살아있지." 라고 후타바는 속삭인다.

– (에세이포레 2023 여름호)

메멘토모리 9- 낡은 껍질을 벗다
영화『집에서 혼자 죽기를 권하다』

올해, 유모차보다 '개 유모차'가 더 많이 팔렸다는 기사를 봤다. 여러 이유가 있겠으나 아이보다 반려동물을 더 많이 데리고 다닌다는 건, 저출산이 심각하다는 이야기이다. 게다가 2045년에는 한국이 일본을 제치고 전 세계에서 가장 늙은 나라가 된다고 한다. 65세 이상 노인 1인 가구가 475만에 이를 거란다. 혼자 사는 노인이 낯설지 않은 세상이 오고 있다.

'혼자 사는 노인'이 사회적 예외가 아니라 당연한 사회 흐름으로 받아들여야 하리라. 우리는 마침내 그 질문 앞에 선다. '혼자 죽는다는 것은 무엇인가. 혼자 어떻게 삶의 마지막을 맞이해야 하는가.'

우에노 시즈코는 『집에서 혼자 죽기를 권하다』 "초고령 사회, 그다음에는 다사(多死)사회, 즉 죽음이 많아지는 시대다. 사람의 사망률은 100%니까, 그 어떤 장수 사회에서도 죽음은 피할 수 없다." 라고 말한다.

책 제목부터 부담스럽다. 집에서, 혼자, 죽기를 '권하다'니. 하지만 그는 병원이나 시설보다, 자기가 살던 공간에서 익숙한 물건들 속에서 조용히 죽음을 맞는 것이 훨씬 인간적이라고 말한다. 병원은 본래 사람이 사는 곳이지 죽으러 가는 곳이 아니라는 것이다.

치매 환자도 익숙한 환경을 더 잘 받아들이고, 전문 간병인이 있다면 충분히 집에서 살아갈 수 있다고 한다. 결국, 핵심은 돌봄의 조건이다. 먹고, 배설하고, 청결을 유지할 수 있다면 삶은 지속된다. 죽음도 마찬가지다. 잘 준비된 죽음은 그 자체로 삶의 일부가 된다.

"내가 10살인가 할아버지가 돌아가셨을 때는 집에서 장례를 치렀는데, 이 엘리베이터 안에 관이 들어갈 수 있을까?" 했다. 남편은 "관을 눕혀 나가긴 어렵겠는데?" 그날 왜 갑자기 그런 이야기를 했는지. 그때 '웰다잉(well-dying) 강사'

과정을 받던 중이어선가, '죽음'에 거부감이 옅어졌는지 아무렇지도 않게 그런 이야기를 했었다.

아버지가 돌아가셨을 때는, 119 응급차가 없었나, 이웃의 도움으로 무조건 대학병원 응급실로 옮겨졌고, 응급실에서 죽음만 재확인할 뿐이었다. 당신의 삶의 마지막은 안방이었는데, 죽음의 시작은 병원의 싸늘한 영안실이 되었다.

과거에는 '죽음' 이란 단어를 금기시하고, 불길하다고 화제로 삼지 않았다. 장례식장에서 음식을 먹지 않으려는 이도 있었다, 장례식장에 갔다오면, 집에 들어서기 전에 소금을 뿌리기도 했다. 어느덧 백 세 시대가 다가오고, 죽음에 대한 인식이 변하고 있다.

우에노 시즈코는 "재택사 준비 강좌에 예전보다 많은 청중이 모인다. 죽음, 시신, 장례식이 금기어가 아닌 일상어가 되었다. 우리는 웰라이프(well-life)이어서 웰다잉(well-dying)을 말한다. 많은 기관에서 죽음준비교육을 하고, 유언장을 미리 써두는 이들도 늘어난다." 라고 했다.

얼마 전 세상을 떠난 지인은 사망연금 수령하는 방법부터

수목장 위치 등을 유언장에 정리해 두었다. 죽음을 앞두고 가족들이 당황하지 않도록 모든 걸 준비해 두었다. 품위 있는 삶처럼, 품위 있는 죽음을 준비하는 시대가 되었다.

저자는 '고독사'가 아닌 '재택사'를 강조한다. 그는 말한다. "혼자 죽었다고 해서 다 고독사는 아니다. 혼자였지만, 곧 발견되고 따뜻하게 수습이 되었다면 그것은 재택사다." 죽음을 공포가 아닌, 삶의 연장선으로 바라보는 태도. 익숙한 마을에서 보통의 삶을 계속 살아갈 수 있다면 고령자나 장애인들도 시설이 아닌 '동네'에서 삶을 마무리할 수 있을 것이다.

이때 미디어와 지역사회의 역할이 중요하다. 미디어도 혼자 사는 노인이나 홀로 죽음을 맞이한 노인에 대해 지나치게 공포와 불안을 불러일으키게 하는지 점검해봐야 한다. 미디어는 혼자 살 수밖에 없고, 혹시 홀로 죽을 수밖에 없다고 해도 당연히 지역이 해결해 줄 것이라는 믿음을 갖는 사회구조가 되도록 여론을 모아야 하지 않을까.

『어린왕자』에서 왕자는 죽음을 '낡은 껍질'로 표현했다.

"내 몸은 버려진 낡은 껍질 같을 거야. 낡은 껍질은 슬플 게 없잖아……."(어린왕자 중)

죽음이 낡은 껍질을 벗는 일이라면, 그것이 삶의 끝이 아니라 또 다른 시작이라면, 우리는 죽음을 덜 두려워할 수 있을까. 내가 살던 집, 익숙한 공간에서 나의 껍질이 내 마음과 함께 '풍'하고 사라질 수 있는 그런 죽음이라면 어떨까.

– (2024 에세이포레 봄)

메멘토모리 10- 죽음을 권하는 사회
영화 〈플랜 75〉

'이런 영화까지 나오는 세상이구나.' 2월에 개봉한 영화 〈플랜 75〉는 알고 있던 '선택적인 죽음'과 많이 다르다. 포스터에는 "내가 죽으면 세상이 나아질까요." 또 하나의 문장, "초고령 사회 특별대책 '국가가 국민에게 죽음을 권하다." 포스터 배우들의 우울한 표정은 이 메시지를 더 강조하고 있다.

영화 〈플랜75〉는 단편영화 〈the exit plan〉에서 출발한 SF영화다. 단편영화는 80세가 된 홀로 사는 노인을 정부가 '처분(?)'해버린다는 내용이다. 유토피아를 바랄 수도 없지만, 디스토피아 세상이 오고 있는가. 고령화 사회에서 초고령화로 넘어가는 가까운 미래의 일본이 무대다. 영화는 2016년에 일어난 전후 일본의 최악의 '증오범죄'인 장애인 시설 집단 살인 사건을 재현하며 시작된다. '쓸모없는 생명은 제거되어야 한다'는 병든 신념이 만든 참혹한 범죄다. 영화는 그 광기의 연장선에서, 이제 국가가 제도적으로 고령자를 '처분'하는 세상을 그린다.

78세의 '미치'는 호텔 청소일을 하며 하루하루를 버틴다. 하지만 동료가 호텔에서 작업 중 쓰러지자 호텔 측은 '노인들을 너무 혹사 시킨다는 투서'를 핑계로 고령 종업원들을 해고한다. 미치도 일자리를 잃는다. 혼자 사는 미치는 거주하는 임대아파트도 철거될 예정이라 이사를 해야 하지만, 일 년치의 월세를 낼 수 없는 난감한 상황이다. 게다가 같이 퇴직한 동료의 고독사를 발견하고 충격에 빠진다.

건강검진을 하러 간 미치는 '노인이 오래 살려고 한다고 비웃는 것 같다.'는 생각에 주눅이든다. 곳곳에는 '플랜 75' 배너가 보인다. 정부는 75세 이상이 되면 자율적으로 선택한 이에게 적당한 준비금을 주고, 약정한 시간에 입원하면 약물을 투입하고, 고통 없이 죽을 수 있다고 광고하고 있다.
마침 텔레비전 뉴스에서는 "노인의 증가로 나라의 재정은 어려워지고, 그 고통은 청년들이 받는다고 주장하는 이들이 많아지고 있고, 노인을 향한 범죄가 늘어난다. 노인의 복지 문제가 심각하다. '플랜 75' 정책이 시행된 지 몇 년이 지났으며 잘 진행되고 있고, 더불어서 '플랜 65'도 검토하고 있다."고 한다. 집과 직장을 구하지 못한 미치는 '플랜 75' 신청을 한다.

문득 우리의 제도가 생각났다. 70세 이상 노인이 면허증을 자진 반납하면 십만 원 정도의 교통비 지원금을 받는다. 고령화 시대에 국가가 노인 관련 정책에 〈플랜75〉를 떠올리는 건 억지스러운가.

함께 〈플랜 75〉를 본 남편은 그 정책이 현실에 있는 것처럼 긍정적인 반응을 한다. "죽음을 스스로 선택할 수 있다면 존엄한 일이지."라고 말한다. 그는 '안락사', '존엄사'개념으로 해석하는 것 같다. 하지만 이 영화가 말하고 싶은 것은 그것이 아니다. 이 영화는 국가가 주도하는 '죽음의 정책'이자, '사회적 약자'에게 떠넘기는 문제를 SF영화를 빌어서 비판하는 것이다. "영화감독이 정말 그런 정책이 현실화되길 바라며 영화를 만들었겠어? 감독이 들으면 어이없다고 하겠네"

라고 퉁명스럽게 말했다.

SF 영화나 소설에 나오는 제도나 최첨단 기술이 실제로 현실화되는 일이 종종 있다. '그러나 인간의 죽음을 국가가 정책적으로 강제하는 SF가 현실화되는 일이야 없지 않을까.' 생각한다. 〈플랜 75〉의 정책은 영화의 소재로 존재할 뿐일 것이다.

누구나 삶의 마지막은 피할 수 없으며, 마지막은 아끼는 가족과 지인들의 배웅을 받고 싶어한다. 하지만 현실적으로 가족의 배웅을 받는 죽음은 이미 옛날이야기가 되고 있다. 아무튼, 삶의 마지막을 스스로 정리하고 마무리하려는 움직임은 늘고 있다. 죽음에 대한 큰 변화다. 삶을 포기하고 싶을 만큼 고통스럽고, 불치의 병으로 삶의 질이 원상 복귀된다는 보장이 없을 때 '조력 사망'을 선택한다. 스위스의 '조력 사망' 단체에 가입한 사람이 한국인도 백 명이 넘고, 실제로 그곳에서 생을 마친 이도 여러 명 있다고 한다. 얼마 전에는 네덜란드 총리 부부가 그렇게 삶을 마감한 기사도 보았다.

원한다고 다 할 수 있는 것은 아니다. 영화 〈다 잘된 거야〉에서 안락사하기로 한 아버지 '앙드레'는 비용이 너무 비싸다고 불평한다. 딸 '엠마뉴엘'에게 '그럼 가난한 사람을 어떻게 한 대니?'라고 묻는다. '그냥 죽기를 기다리지요.'라고 담담하게 말하는 장면이 나온다. 경제적 여건이 죽음의 방식까지 결정하는 현실이다.

〈플랜 75〉는 '죽음'을 자기 의지로 선택한다고 하지만, 실제로는 그런 결정을 할 수밖에 없는 이들은 사각지대의 빈곤층과 노인일 뿐이다. 불치의 병이 걸린 것이 아님에도 국가의 제도와 가족의 보호를 받지 못하기 때문이다.

'플랜 75'를 신청하고 죽음을 기다리고 있는 '미치'의 '죽음'이 기계 고장으로 유예된다. 살기로 한 그녀는 병원 밖으로 나서, 구름 사이로 빛나는 햇살을 바라본다. 감독은 답이 없는 암울한 상황에서 '아주 작은 희망'을 찾는 모습을 보여준다. 하지만 그 햇살이 강렬하지도 않고 곧 구름으로 들어갈 것만 같다.

'사회적으로 능력이 없는 사람은 사라져야 하는가. 노인이 죽으면 세상은 나아질까. 노인이 죽는다고 남은 자의 세상이 행복할까. 능력 없는 존재라도 함께 살아가야 한다.'라고 영화는 말하고 있다.

누구나 피할 수 없는 끝은 어떤 모습이어야 할까. 자신의 삶을 선택할 권리가 있는 것처럼 죽음도 존중받아야 한다. 개인의 존엄한 죽음을 위해서 개인의 의식 변화와 함께 국가는 새로운 판을 짜야만 한다. 죽음을 권하는 사회가 아닌 죽음까지 함께 책임지는 사회. 이제부터 고민해야 할 때다.

– (에세이 포레 2024 여름호)

메멘토모리 11- 지금 여기, 살아있는 나

 가로등 불빛이 몇 겹으로 모였다가 이리저리 흩어진다. 웅크린 이들이 새벽의 차가운 공기 속을 지나간다. 자동차들은 불빛을 휘두르면서 서둘러 사라진다. 창밖을 찍어본다. 화면에 담긴 풍경은 내가 보는 것과 다르다. 사진 속에는 카페의 실내와 창 너머를 찍으려는 내가 함께 찍혀 있다. 마치 검은 장막이 외벽을 치고 있는 듯하다.

 일주일에 세 번, 이른 아침 남편은 네 시간가량 병원에 있다. 초기에는 남편을 태우러 가는 시간까지 집에 있었는데, 네 시간이 흔적도 없이 사라지는 것같다. 쉬는 것도, 책을 읽은 것도, 집안을 반짝거리게 만드는 것도 아니었다. 그래서 집에서 꼭 해야 할 일이 없는 날엔 보통 도서관이나 카페로 간다.

　대형카페라고 해도 두어 시간 있다가 보면 빈자리가 거의 없다. 빈 좌석을 찾아 두리번거리는 이들을 보면 미안해진다. 도서관이 편하다. 도서관은 긴 시간 있어도 괜찮다. 나이 들었다고, 오래 있다고 눈치 주는 사람도 없다. 다만 새벽에 도서관에 가려면 아침 도시락을 준비해야 한다. 도시락 준비를 하기 싫을 때는 텀블러와 약만 넣고 병원에 갔다가 카페로 간다.

　남편은 병원 가는 날이면 자동차를 타면서 묻는다. "오늘은 어디로?" 한다. 내려주고 오늘은 어디서 있을 것인지 묻는 것이다. 오늘은 카페 행이다. 도착하면 일단 이 층으로 올라와서 읽을 책과 안경과 생수병을 내려놓는다. 제일 큰 사이즈의 커피와 샌드위치를 주문한 뒤, 일 층으로 내려간다. 잠시 후 김이 모락모락 올라오는 텀블러와 샌드위치를 조심스럽게 들고 올라온다.

　화상을 입을 만큼 뜨거운 커피를 마신다. '이러니까 체중이 조절 안 되지. 그래도 맛있네' 하면서 치즈와 베이컨 그리고 오믈렛이 들어간 햄버거를 한 입 베어 문다. 이렇게 사는 거지. 지금 이 순간 편안하면 되는 거 아냐? 무슨 일이 있을까 걱정한다고 해결이 되는 것도 아니잖아. 책을 펼친다.

시간이 지날수록 카페 안이 점점 소란스러워진다. 도서관의 소음과는 다르다. 알고 싶지 않은 타인의 대화가 귀에 들어온다. 혼자 있는 이들을 배려하듯, 조금 목소리를 낮추는 흉내라도 내면 좋겠다. 물론 안다. 조용히 있고 싶으면 카페에 오지 말아야 한다는 것을. 그들도 지인들과 마음 놓고 이야기하고 싶어 이른 새벽부터 나온 것 아닌가. 그래도 배려받고 있다는 느낌이 아쉽다.

어느새 창밖의 있던 새벽의 장막이 사라진다. 내 모습은 얼음이 녹듯 서서히 옅어진다. 죽음도 저랬으면 좋겠다. 그냥 이렇게, 사라지는 것. 나도 너도 편하지 않을까. 누구에게도 폐 끼치지 않고, 모두 죽음을 맞이해야 하는 순간, 공기처럼 물처럼 흔적도 없이 사라지는 상상을 한다.

일간지 특집 기사 제목이 '잘 죽는 것이 잘 사는 것입니다'이다. 최근에 읽은 이옥선의 에세이 『즐거운 어른』엔 "나는 심장마비로 고독사하는 것이 꿈"이란 글이 있다. 나도 요즘 친구들과 그런 이야기를 가끔 했어도, 글로는 차마 표현하진 못했다. 그런 생각을 나도 글로 남겨야 했는데 다른 작가에게 빼앗겼다.

몇 년 전에 읽은 일본 작가의 《집에서 혼자 죽기를 권하다》에서 '고독사'를 깊게 다루었다. '고독사'를 불행한 죽음으로 생각하지만, 살아있는 모든 것은 어차피 혼자 죽는 것 아닌가. 작가는 '고독사'를 사회관계 망에서 연결되어 있는 죽음인 '재택사'로 명명하자고 했다.

'에크하르트 톨레'는 "지금 이 순간만이 실재하며, 과거와 미래는 환상"이라고 했다. 삶은 죽음을 향해서 가고 있다. 메멘토 모리. 무한한 우주를 생각하면 먼지보다 작은 내가 할 수 있는 일이 뭐가 있는가. 이 순간에 집중하면서 살아가자. 죽음 앞에서 조금이라도 덜 후회하기 위해, 지금 여기에 충실하자.

테라스 난간에 햇살이 다가와 부딪힌다. 어둠의 자리를 햇살이 채운다. 두런거리는 목소리가 들린다. 더는 소음이 아니다. 이 순간을 살아야지. 여기를 살아야지, 창가에 있는 이들은 햇살이 부담스러워, 버티컬을 내리고 있다.

—(에세이포레 2025년 봄호)

2부

나는 누구인가

보이는 나를 그대로 나열해 보면 그게 나일까. 어떤 강좌이든 일회성 강좌가 아니면 첫 시간에 '자기소개'로 시작한다. 가끔 어떤 강사는 '표면적인 나'가 아닌 '진짜 나'를 소개해보라고 한다. 참가자들은 그 순간 곤혹스러운 표정들이다.

요즘 금강경을 읽는다. 받아들이기가 정말 쉽지 않은 구절들이 많다. '있다면 없는 것이고, 없는 것은 있는 것'이라고 한다. 그럼 나는 있기도 하고 없기도 하다는 말. 하긴 죽음을 지나가면 나는 없을 수도 있겠다. 지금 이렇게 존재하고 있음에도 그 존재가 무(無)라고 하니 이해 못 할 노릇이다.

일단은 내가 누구인지, 무엇인지 알아야 '있는 것은 없는 것이고, 없는 것은 있는 것'이라는 것을 고민해 볼 수 있을 것이다. 그 경지까지는 상상도 못 할 노릇이다. 하여튼 '나'라는 인간을 어떻게 말할 수 있을까.

자기소개를 쓰라고 하면 "나의 이름은 무엇이고, 몇 살이며, 어디에서 태어났고," 로 시작한다. 이어서 '여자 동생이 세 명이고 남자 동생이 한 명으로, 다섯 남매 가운데 맏이이다. 또 00 초등학교와 중·고등학교를 졸업하고, 대학교를 졸업한 후 몇 년간 교직에 있었다. 혹은 내가 좋아하는 것 싫어하는 것을 나열한다.

영화를 좋아한다. 걷기를 좋아하고 한때 산에 자주 다녔다. 여행이라고 하기에는 좀 그런가. 내 힘이 닿는 한 낯선 나라를 자주 찾았다. 틈새 시간을 이용해서 책을 많이 읽는다. 나의 책장은 책 주인이 대단한 사상가나 인문학자는 아니라는 것을 말해준다. 강박증이 있는 것처럼 혼자 있는 시간이나, 약속 시각이 남았을 때, 일정과 일정 사이 틈새 시간에 책이 없으면 불안하다. 친구들과 여행지에서, 혹은 카페나 식당에서 이야기하는 것도 좋아하지만, 혼자 있는 시간을 좋아하기도 한다. '외로워 외로워' 하면서도 오랜 시간 타인과 있다 보면 힘들다. 선善한 것 같지만 그렇지도 않다. 내가 하고 싶은 행동과 느낌과 감정을 모니터에 나온다면 봐주기 힘들 것이다.

나열한 모든 것은 나를 설명 한 것들이다. 이들을 제거하면 나는 어떤 모습인가. 그러면 이런저런 나에 대한 설명은 내가 아닌. 진짜 나의 본 모습인가.

'무라카미 하루키' 단편 소설 〈독립기관〉에서 주인공 '도카이'는 화자에게 '내게서 성형외과 의사의 능력이나 경력을 걷어낸다면, 지금 누리고 있는 쾌적한 생활환경을 잃는다면 그리고 아무 설명도 없이 한낱 맨몸뚱이 인간으로 세상에 던져진다면 그때 나는 대체 무엇이라고 할 수 있을까.' 화자는 갑자기 그런 생각을 왜 하게 되었느냐고 묻는다. '도카이'는 '얼마 전 나치 강제 수용소에 관한 책을 읽은 탓일 거라고 한다.' 아마도 '빅터프랭클'의 ≪죽음의 수용소≫ 인듯하다.

그는 그 책을 읽고 의사에게 닥친 끔찍한 운명은 장소와 시대만 바꾸면 그대로 내 운명이 될 수도 있다고. 만일 내가 어떤 이유로든 지금의 생활에서 어느 날 갑자기 끌어 내려져 모든 특권을 박탈당하고 그저 번호뿐인 존재로 전락한다면 나는 대체 무엇이라고 할 수 있을까.' 한다. '도카이'는 ≪죽음의 수용소 ≫읽으면서 자신을 삶을 돌아보았을 것이다.

'아내', '엄마', '할머니', 나에게 부여된 역할들, '잘하는 일', '좋아하는 것', '즐기는 일' 등이 사라진 '나' 만 남는다면, 오롯이 나만 남았다면 나는 무엇일까. 망설이는 나, 후회하는 나, 죽음을 두려워하는 나, 죽음을 삶과 같이 생각하는 나, 탐욕의 나, 절제의 나, 작은 일에도 슬퍼하고, 기뻐하고, 욕망하고, 자존감이 하늘을 찌르다가 열등감에 쩐 나. 우쭐한 나, 최상이 되지 못할 것을 알면서 나를 끊임없이 줄을 세운다. 내 앞에 길고 긴 줄이 존재한다. 하지만 모른 척하고 내 뒤의 줄을 생각하고 가슴을 편다. 그런 모두가 나다.

적극적이면서 소심하고 유쾌한 듯하지만 늘 우울하다. 우울증은 아닌 듯, 침체 되어 있다는 말이 정확할까. 삶을 아름답다고도 하다가 비극이라고 생각하는 나. 나를 먼저 생각한다. 또 이기적이고 비겁한 나이다.

한의원의 도움을 받아 체중이 '초고도비만'에서 '과체중'으로 변하였다. 몸의 체형이 변할 정도다. 그렇다면 몇 달 전의 '나'와 지금 '나'는 다른가? 외형이 바뀌었다고 '나의 본질'이 달라진 것인가. 삶을 사랑하고 나를 사랑하고 주변 사람도 아낀다. 가능한 어제의 나보다 오늘의 내가 성장하기를 바란다.

삶이라고 하는 선상(線上)에서 죽음의 한 꼭지를 지나갈 나를 돌아보고, 진정한 나 즉 '알맹이', 여러 가면을 벗어버린 진짜 나를 어떻게 이야기할 수 있나. 그 '진짜 나'가 무엇인지 정말 궁금하다. 존재하고 있는 내가 '무(無)'라면 내가 무엇인지 찾을 필요도 없을까. 석가탄신일이 다가오니 참나(眞我)를 생각하는 순간이다.

          – (2023『에세이포레』 대표선집 0524)

나에게 엄지 척

엄지를 치켜든 그림이 스쳐 간다. 자동차 타이어 광고이다. 누군가에게 엄지를 세우고 최고야 하는 듯하다. 최고가 되고싶지 않은 사람이 있을까. 유치원생과 보드게임이라도 하게 될 때 그어른들이 일부러 져주는 줄도 모르고 이겼다고 좋아한다. 이기지 못하면 삐치고 화를 낸다. 세월이 지나면서 그 꼬마도 '일등', '최고'는 하고 싶다고 되는 일이 아니라는 것을 알게 될 것이다.

방과 후 수업을 할 때, 효과적인 수업 진행을 위해 초등학생 아이들에게 역할극을 하게 한다. 오 분 정도 시간을 주고 조별로 책에 나오는 인물들을 표현하게 한다. 학생들은 역할극을 하고 나면 그 책의 내용을 재미있고 쉽게 이해한다.

문제는 아이들이 각자 자기가 주요한 역할을 하겠다고 한다. 주인공이 되려고 하는 그 기개는 높이 살만한 일이지만 한정된 시간에 수업을 맞춰야 하니 난감하다. 살아있는 글쓰기 효과를 높이기 위한 작업이었는데. 일인자만 되겠다고 하고 주변 인물은 되고 싶지 않은 것이다. '자신의 역할을 열심히 하면 아름다운 사람이다'라는 말로 아이들을 설득하기 힘들다. 달래서 역할을 주고 동화책의 상황을 그들의 말로 하게 한다. 조연들은 자기의 역할을 하면서 즐거운 표정이 아니다. '꼴찌에게 박수를'이 통하지 않는다.

나도 그 꼬마들과 별반 다르지 않았다. 학교 축제 행사로 과별로 무대를 꾸며야 했다. 우리 과는 셰익스피어 희곡을 무대에 올리기로 했다. 무슨 용기였는지, 나도 참가하겠다고 신청했다. 주연을 준다고 해도 손사래 치겠지만 '조연 3' 정도는 할 수 있을 듯했다. 늘 남 앞에 나서지 못하는 나도 그 정도는 하겠지. 배역 과정에서 나에게 극 중 한마디도 없는 노파역이 주어졌다. 나는 그럴 바에는 하지 않는 것이 낫겠다는 생각으로 연극 참여를 포기했다. 큰 책임을 지는 주연은 싫지만 별로 책임은 지지 않는 그러면서도 나를 나타낼 수 있는 '조연 3'은 할 수 있다고 생각했으니.

학급 반장을 못해 보았다. 단체에 따라 대표 선출에 경쟁이 심한 곳이 있지만 서로 하지 않으려고 하는 곳도 있다. 대표 맡기를 겁내는 나 같은 사람은 서로 대표를 맡지 않으려고 하는 단체에서는 난감해진다. 동기가 대표를 해야하는 순서가 되면 불안해진다. 내게 대표를 하라고 하면, 궁색한 핑곗거리를 만들어 그 자리를 고사하지만, 한계가 있다.

이미 대표를 했던 이들은 '자리가 사람을 만든다.'고 강제로 내게 넘긴다. 그 단체를 탈퇴해야만 대표가 될 상황을 모면할 수 있다. 어쩔 수 없이 회장이 되면 임기가 끝날 때까지 전전긍긍하며 단체를 이끈다. 물론 나도 멋진 '대표'가 되고 싶다. 내 역량이 종지만 하니 나도 안타깝다. 자리가 사람을 만든다고? "대통령 자리를 주면 모두 대통령을 하겠네?" 되묻고 싶다. 역량은 계발하기 나름이라고 한다. 맞는 말이다. 그 역량도 여러 방향이 있다. 노력한다고 다 할 수 있는 건 아니다. 타이어 광고를 보다가 너무 멀리 나가버렸다.

나도 '최고', '일등'을 갈망하지만 나에게 맞지 않는 옷을 입을 수 없다. 멋있고 화려한 옷이라고 해도 맞지 않으면 포기

해야 한다. 편하고 조금은 내가 빛나 보이는 그런 옷을 입어야 한다.

나는 쉽게 상처를 받기도 하지만 가끔은 세상이 만만해 보이기도 한다. 상처를 받으면 받는 대로, 일이 좀 잘 풀려 세상이 조그마해 보이면 좀 잘난 척도 하면서 살면 되지 않을까. 나로 숨 쉬고 걷고 말하고 울고 웃고 누군가를 흉보고 칭찬하고 좋아하고 미워하는 그대로의 나를 '최고'라고 여기면서 살고 싶다.

손녀는 내가 해주는 음식이 본인 입에 맞으면 그 자그마한 엄지손가락을 척 세운다. 손녀의 '엄지 척'이 즐겁다. 엄지 척은 누군가에게 기운을 주고 더 할 수 있다는 힘을 준다.

어제의 나보다 오늘 좀 더 발전한 나를 대견해 하면서, 나에게 자가(self) '엄지 척'을 해야 하지 않을까. 현실에 최선을 다하는 지금의 나에게 '엄지 척'을 하고 싶다.

– (수비동인 28집 2022.05.31)

갑이 되고 싶어

보통의 을은 갑을 향해 웃음 짓고 겸손하고 자신도 제어할 수 없이 아첨도 한다. 눈빛, 말투도, 손 위치, 다리 자세 등도 달라지고 미소도 더 짓는다. 을과 을 사이에서도 힘의 관계가 조금 기울면 어쩔 수 없이 그렇게 된다.

학교로 강의를 가게 되면 교문 초소에는 '학교안전지킴이'가 있다. 다 그렇지는 않지만, 그들은 강사에게 갑이 되기도 한다. (같은 을인데 말이다) 무뚝뚝한 표정으로, '어딜 가느냐', '무슨 일이냐', '무슨 강의를 하느냐', '몇 학년에게 강의하는가', '몇 시에 끝나는가'. 요즘은 개인정보보호가 강화되어 그런 일은 없지만, 방문기록에 주민등록번호를 써야 하는 학교도 있었다. 어느 고등학교 지킴이는 무슨 강의를 하냐고 묻는다. 양성평등 교육이다. 그럼 괜히 아이들에게 이상한 거 그런 거 이야기하는 거 아닌가요. 나는 불쾌해야 할 상황인데 상냥한 표정으로 그럴 일 없다고 설명한다. 나의 비굴함이여. 그렇게 강의 내용도 참견하는 이도 있었다.

오늘도 갑과 을을 생각하게 하는 날이다. 매해 삼월이 되면 센터에서 강의하게 될 학교 배정표를 준다. 강의하러 가기 전 미리 그 학교 담당과 연락하면서 요구하는 양식을 보낸다. 미리 그들이 원한 강의 할 날짜와 시간을 확인한다.

학교 학부모 대상 강의를 하러 갔다. 교문 앞에서 '학교 안전 지킴이'에게 방문증을 받았다. 좀 일찍 도착했기 때문에 차 안에서 여러 곳에 필요한 통화를 했다. 약속 시각이 다 되어서 담당이 있는 사무실로 향했다. 너무 조용하다. 지금쯤이면 학부모들이 한 둘 보여야 하는데.

학교 현관에 5월 행사를 얼핏 보니 오늘이 아닌 다음 주에 학부모 교육 일정이 보였다. 이상하다. 오늘도 하고 다음 주도 다른 강사를 초빙했는가? 사무실을 들어갔다. 보통 이 순간 담당은 나를 기다리고 반색을 하는 게 맞다. 담당은 나를 보면서 '누군가'하는 표정이다.

복병이다. 그는 다음 주로 알고 있었다. 이 순간 누구의 실

수인지 알아야 한다. 그간 주고받은 문자, 메일을 확인하고 센터와 통화를 했다. 오늘 강의하는 날이 맞다. 그럼 어디서 잘못되었지? 담당도 자기 컴퓨터를 보더니 "오늘이 맞는데, 어디서부터 잘못되었지." 혼잣말 한다.

문자와 메일로 강의 날짜를 강조해서 보냈지만, 학교 담당자에게는 그 날짜가 의미가 없었다.

아침 일찍 기름을 소비하면서 복잡한 길을 달려온 몇십 분이 떠오른다. 전날은 강의 준비하느라 늦게 잤건만. 담당은 미안하다고 한다. 내 입에선 고작 "일부러 그런 일도 아닌데 할 수 없지요." 할 수밖에. 어쩔 수 없는 일인 건 맞다. 화낸다고 상황이 달라지는 건 없다. 다른 동료 강사에게 이런 상황을 알렸더니 "우리 강사의 비애지." 라는 답도 온다. 우리가 날짜를 착각하고 강의 안 갔다면, 학교 측이나 센터 측은 강사들이 대역죄를 지은 것으로 여길 텐데. 그들이 실수하니까 약한 사과로 '끝'이다.

언젠가는 어떤 기관이 강의 의뢰하고는 강의 예정 일주일 전인데 강의계획안, 프로필 등을 보내라는 전화를 하지 않는다. 대개 이런 경우 말도 없이 취소하는 경우다. 그래도 을인 나는 취소 확인을 확실하게 해야 한다. 그 기관 강의 담당자에게 전화를 하니, 내게 전화했는데 받지 않아서 어찌해야 하나 하고 있었단다. 전화를 며칠 기다리는 내가 놓쳤을 리도 없고 내 전화에는 그 학교 번호도 없었지만, 시시비비를 가릴 용기도 없다. '그에게 전화해도 상대 전화에는 기록이 안 될 때도 있나 봐요.' 하면서 강의 진행 이야기로 넘어갔다. 가끔은 강의하겠다고 해서 강의안과 서류를 보냈는데, 바로 전날 강의를 취소하겠다는 전화가 오기도 한다.

요즘 강의료를 천만 원대 받는 방송인에 관한 이야기가 신문 방송 이곳저곳에서 나온다. 유명해진 방송인이나 강사들의 강사료도 몇백만 원대이다. 우리 강사들은 보수 교육으로 종종 교수들의 강의를 듣는다. 그들은 우리 강사들처럼 강의장에 미리 와 있는 경우가 별로 없는 듯하다. 시간 임박해서오거나 교통 사정 운운하면서 지각하기도 한다. 이때는 고액강사들이 갑이다.

강의하러 간다고 들어갔다가 바로 나온 내가 민망하다. 학교안전도우미 양반을 보고는 제풀에 묻지 않은 말을 한다. '담당이 날짜를 잘못 알아 헛걸음하고 가요' 그는 '담 주에 또 오나요.' '아니요. 담 주는 수업이 있어서 다른 강사가 와요'

당연히 갑에게 자신이 해야 할 말과 당당한 태도로 일관하는 을도 있다. 을에게 자신이 가진 힘을 보이지 않는 갑도 있다. 당당한 을이 되고 싶다. 그리고 갑이 되어 을에게 겸손한 태도로 부탁하고 을을 응원하는 그런 나를 상상한다.

매일 인사만 천 번을 하는 호텔 도어맨이 있다. 감정을 하도 눌러서 이제 감정이 올라올 줄을 모른다고. 싸우는 걸 보면 절로 말리게 되고 본인과 관계가 없는데 사과를 하고 있단다. 43년 만년 을의 인생을 그의 아들은 아버지의 인생을 닮고 싶다고 했단다. 만년 을의 인생으로 생각했지만, 그는 자기 인생의 '슈퍼 갑'이었다

내 눈의 대들보

바둑기사가 경기한 후 복기하듯이 자동차를 주차하려는 순간을 돌려보고 돌려본다. 자면서도 깨어나서도 계속 자동차 핸들을 돌리고 돌린다.

주차하려고 보니 비어있는 곳은 볕이 사정없이 쏟아지는 곳뿐이었다. 몇 시간 뒤 외출하려고 하니 미리 차 안의 열기가 겁이 났다. 그늘이라곤 덩치 큰 차량 사이에 딱 한군데였다. 후면 주차하면 쉽겠지만 전면 주차를 해야 하는 곳이었다. 오른쪽으로 들어가면서 핸들을 왼쪽으로 오른쪽으로 감았다가 풀었다가 전진 후진하면서 주차를 시도했다.

문득 뭔가 아주 미약하게 닿은 것 같은 느낌이 들었다. 이

내 주차를 포기하고 건너편 햇볕이 작열하는 빈 곳에 주차하고는 집으로 들어왔다.

점심을 준비하는데 심장이 마구 뛰기 시작했다. 차에 뭘 가지러 간다면서 묻지도 않는 말을 혼자 중얼거리면서 주차장으로 갔다. 범인이 범죄 현장을 다시 간다더니 내가 그러했다. 차를 더 멀리 갔다가 댈 걸 그랬나. 아무도 보지 못했는데. 그리고는 마치 현장에 있지 않았던 것처럼 멀리 주차했다.

혹시 별일 없지 않았을까. 지레 겁을 먹은 것일 수도 있었다. 내가 좀 예민한 게 아닐까. 그래도 확인해 보려고 주차를 위해 들고 날고 하던 곳 옆의 차를 살폈다. 역시 그 차 조수석과 뒷문 하단에 흰 줄이 길게 그어져 있었다. 그래도 내가 그러지 않았을 수도 있지. 그 흰 줄을 손가락으로 문질러 보았다. 가느다란 홈이 길게 그어져 있었다.

차를 움직여 다른 곳에 주차했다. '난 저 차와 전혀 관계없어요.'라고 강조하듯이 말이다. 그 차의 흰 줄에 다시 손가락으로 문질러 본다. 내 차를 확인하면 될 것을 자꾸 미적거린다. 지하에다 주차할 걸 그랬다. 느낌이 불편했을 때는 멀찌감치 갖다 놓을 것이 상책인 걸 왜 생각하지 못했을까. 그 정도로 길게 그어지도록 느끼지 못했다니 내가 그랬을 리 없어

보였다.

'평소 어떻게 주차를 하면 남의 차를 긋지, 어떻게 사고를 내지' 하곤 했다. 오래전에 어이없게도 주유소에 진입하면서 주유기 보호 기둥을 치는 바람에 차 밸런스를 맞추느라고 일 년 가까이 소요한 일이 있었다. 몇 년 전에는 길가에 있는 차 옆으로 우회전 하면서 범퍼를 긁은 적도 있었지만, 주차하면서 이런 일은 없었다.

어떤 방송에선가 도덕성 실험을 방송한 일이 있었다. 열 사람에게 도덕성에 관한 설문조사를 통해 도덕성 실험을 한다고 아르바이트생을 모았다. 아르바이트생에게 수당으로 일십만 원씩 지급하기로 했다. 그리고는 일이 끝난 후 봉투를 주었다. 봉투 안에는 십오만 원이 들어 있었다. 스텝이 "십오만 원이었지요?" 하면서 수당을 주자 70%가량의 학생들이 '네' 하면서 받았다. 그 후 도덕성 실험이었다는 것을 알고서는 참가자들이 그만 부끄러워했다. 어떤 학생은 "어머니 아버지 죄송합니다."라고 하기도 했고, 뒤통수를 맞은 듯하다고 말하는 학생도 있었다. 만일 내가 그 실험에 참가자였다면 나 역시 약속했던 수당 십만 원을 이야기하지 않고 주는 대로 모르는 척 받았을 것이다.

다른 30%의 참가자들은 스텝이 수당이 십오만 원이라고 하면서 주니 자연스럽게 "십만 원 아니었어요?"라고 물었다. 십만 원이라고 말 한 것이 후회되기도 했지만, 그 후 도덕성 실험이었다는 것을 알고는 자신을 자랑스러워하거나 뿌듯해 했다. 실험은 우리 안에 도덕과 양심의 본능이 있다면서 마무리되었다.

차량 운전자가 창문을 열고 담배를 피우다가 꽁초를 버리는 것을 목격한다. 그 차를 세우고 "당신 담배꽁초를 어디다 버리는 거냐?"고 소리치고 싶지만, '경찰은 저런 사람 벌금을 떼야지, 아님 신고할까.' 혼잣말 한다.

아파트 현관을 들어서다가 우편함 주변에 버린 우편물을 보면 저러고 싶을까 비난한다. 과자봉지나 맥주 캔이 굴러다니면 아무런 생각 없이 지나가게 되지 않는다. 왜들 저럴까. 쓰레기통에 버리면 될 걸, 다 본 우편물은 분리수거통에 넣으면 될 텐데….

눈에 거슬리는 것을 보고 당사자에게 "이러면 안 되지 않느냐?"라고 직접 말을 못 하고 공연히 주변 사람에게 투덜댄다. "요즘 못 먹는 시절도 아닌데 저렇게 음식을 많이 담아갈까. 틀림없이 저 사람은 남길 거야." 예상대로 이것저것 접시에 많이 가져간 사람들은 음식을 남긴다. 음식이 버려지게 되면 내가 직접 손해 본 것이 아니니만 화가난다. 조금씩 먹어보고 더 먹고 싶은 음식은 다시 가져다 먹으면 남기지 않을텐데. 그럴 때 나는 정의의 사도가 된다.

막상 주차 사고를 낸 나는 확인하지 않고 보는 사람이 없다고 없던 일로 하려고 차를 멀리 주차하고 귀가했다. 경제적 손실이 오고 나의 체면에 흠집을 낼 사고를 없던 일처럼 하려고 하지 않았던가. 사람을 다치게 하고 목격자가 없으면 도망을 가버리고, 차에 있는 사고 흔적을 지우는 범죄자와 내 행동 무엇이 다른다. 발각되지 않는다는 보장만 있다면 나와는 관계없는 일인 듯 숨기겠다는 행태다. 만일 구입하지 얼마 되지 않는 내 차에 긴 흠집이 나 있고 사고 낸 사람은 메모도 남기지 않았다면 나는 어떠했을까. 사고 내고 밝히지 않은 그 누군가에게 허공에 종주먹을 대며 화를 내지 않았을까. 아마도 내가 할 수 있는 욕은 다 했으리라. 아니, 양심이 없는 이 세상을 한탄하고 할 수 있는 한 범인 찾기에 총력을 기울였을 일이다. 또 관리실에 가서 CCTV를 돌리고 또 돌렸을 자도 모른다.

도덕성의 정의는 뒷전이고, 후에 발각되어 받는 우세스러움과 지금 사고를 숨기는 일의 무게를 저울질한다. 매일 그 차주가 자기 자동차를 긁은 뺑소니범을 찾는 걸 상상하면서 불안하게 지낼 거 생각하니 소름끼친다.

흠집이 난 차 앞에 내 전화번호를 적어놓았다. 몇 시간 뒤에 그 차 주인과 이야기하고 보험회사에 신고했다. 그리고 며칠 뒤에 차 문 두 개를 도색하기로 했고, 비용은 몇십만 원이라는 안내 문자를 받았다. 늘 항상 남의 눈의 티끌은 잘 보지만 내 눈의 대들보는 안 보인다.

– (2019 에세이포레 겨울)

삶의 무게

집을 나서려면 힘에 겨운 짐을 들어야 할 때가 종종 있다. 빈손으로 가볍게 나서고 싶지만, 뜻대로 되지 않는다. 시댁인 대구에 갔다가 귀가하는 길이다. 늘 느끼는 일이지만 대구에 오르내릴 때마다 짐이 너무도 많다. 더욱이 이번 여름은 폭서로 산에서 야영하기로 해서 텐트까지 가져가야 한다.

영등포역에 도착했다. 남편은 배낭을 메고, 아이는 텐트를 나는 가방을 들고 내렸다. 같은 기차에 있던 사람들도 자신들의 짐을 가지고 바삐 걸음을 재촉한다. 허리가 꼬부라진 노인은 머리에 상자를 이고 한 손에 꽤 무거워 보이는 보통이를 들고 힘겹게 걸음을 뗀다. 아기를 업은 아기 엄마는 업혀있는 아기보다도 별로 커 보이지 않는 또 다른 아기의 손을 잡고 종종거리는 아기를 재촉한다. 아기엄마의 남은 손에는 가방이 들려 있다. 요즘 유행하는 맹꽁이 가방을 매고 가볍게 날아가는 듯 걷는 학생도 보인다. 자그마한 손가방만을 든 성장한 여인도 있다. 신문을 말아쥐고 걷는 저 남자는 무척 편해 보인다.

일 년에 두 번 시댁에서 열흘 이상 지내게 되니 여행 할 때마다 짐이 많다. 그러나 기차 차장 밖에서 흐르는 풍경, 김밥과 삶은 달걀, 절로 들리는 세상 사는 이야기들, 오랜만에 만나는 형제들, 같이하는 주변 여행은 큰 즐거움이다. 하여 무거운 짐을 들어야만 하는 고역을 무화시킨다. 아기를 낳은 산모가 그 고통을 잊고 또 둘째 셋째를 낳는 다는데, 그런 심정이다.

살아가는 동안에 우리가 져야 하는 삶의 무게는 각각 다르다. 유유자적 산책하는 기분으로 사는 이, 고통으로 신음하는 사람. 태어나서 죽음에 이르기까지 각자 져야 하는 고통의 무게는 다르다. 꼭 져야 한다면 누구나 가벼운 것을 지고 싶지만, 의지로 되는 일이 아니다. 그래서 운명이니 업이니 하는 말을 하는 것이다. 나보다 편한 사람들을 보면 불행하다가, 더 무거운 짐을 지고도 밝게 사는 이를 보면 부끄러워진다.

　며칠 비워둔 집이라 퀴퀴한 냄새가 난다. 베란다 문과 창문들을 활짝 연다. 베란다 밖 은행나무 잎들이 살랑거린다. 상쾌한 바람이 집안을 돌아다닌다. 먼지 쌓인 마룻바닥에 짐을 내려놓았다. 편안하다.

– (1994년 제물포수필 25집)

멍 때리기

'멍 때리기' 대회에 나갔다면 그랑프리를 탔을 순간이다. 자면서도 깨어있는 것처럼 뭔가를 생각하고 있는 나인데, 어떻게 차가 추돌한 상황이 떠오르지 않을까. 쿵 소리가 나고서야 '사고를 냈구나.' 였다. 운전 경력 30년에서 몇 달 앞두고 또 사고를 내고 말았다. 사람이 다치지 않았고, 남의 차를 부수지 않았다는 사실이 위로가 되었다.

차가 전신주를 받았다. 살짝 부딪혔기를 바랐지만 그건 헛된 기대일 뿐이었다. '이미 벌어진 일이 침착하자.'라고 마음을 다잡았다. '차바퀴 위 본넷트'라고 하려다가 인터넷을 검색을 해보니 부딪힌 그곳을 '휀다'라고 한다. 휀다에 붙어있는 바가 튀어나와 바퀴에 닿는 듯 덜렁거리고 라이트 덥개도 깨지고, 휀다가 전체적으로 몇 센티 밀려들어가 있었다.

접촉사고로 거리를 마비시키고 있는 차들을 보면서 '사고를 왜 낼까. 조심만 하면 될 텐데.' 했었는데, 몇 개월 전에 접촉사고를 냈고 오늘 또 일을 저질렀다. 그 사고도 어이없긴 마찬가지다. 좌측으로 들어서면서 충돌했다고 느낄 틈도 없이 접촉사고가 났는데, 내 차는 차선을 밟고, 상대 차는 차선 안에 있어서 내가 분리한다고 했다. 보험회사 직원이 하는 말 "피해자가 병원에 눕지 않는다는 조건으로 고객님이 백 프로 손해배상을 하기로 하는 게 좋겠어요. 내 가족이라도 그렇게 권할 거예요." 보험회사 직원이 고객 입장에서 유리하게 처리하겠지. 믿고 싶지만 그렇지도 않다는 것도 알게 되었다.

그날은 한 달 동안 여행을 했던 선배와 점심을 먹기로 했다. 늘 하던 대로 고기리 들깨 메밀 비빔국수를 먹으러 갔다. 11시쯤 도착했지만, 몇 팀을 기다려야 식사를 할 수 있었다. 남편이 한의원에 다니고 있는지라 예전보다 늦게 출발했더니 우려했던대로 식당 앞에는 순서를 기다리는 사람들이 많았다. 주차장에 들어갔다가 공간이 없어서 식당 앞에 잠시 멈췄다. 멈췄다는 건 내 생각일 뿐이었다. 나도 모르게 차가 움직여 전신주를 받았다.

다른 차들에 방해가 되지 않도록 일단 차를 다른 곳으로 옮겼다. 그런 와중에도 "64분 기다려야 한대."라고 하는 소리가 들렸다. 대기자 명단에 올리려고 하다가 다른 식당을 찾아보기로 했다. 조금 전까지는 여행 이야기를 하느라 즐거운 소란으로 가득했는데, 침묵과 어정쩡한 웃음이 있을 뿐이었다.

제일 속상한 건 나이지만, 아무 일도 아니라는 듯 보이려고 운전을 하면서 여유를 부렸다. 나는 그들이 불편할까 봐 신경을 쓰고 있었다. 그냥 집으로 가고 싶은 마음이었지만 부속품을 덜렁거리는 차로 식당을 찾아 움직였다.

그녀가 사는 동네 중국식당으로 갔다. 볶음밥 찹쌀 탕수육 짜장면이 식탁에 보기 좋게 놓였다. 맛을 모르겠다고 해야 하는데 다행인 것인지 맛이 있었다. 기분이 무거운 건 마찬가지인 그녀도 여느 때라면 멋진 카페로 안내했을 텐데, 단지 '식후 커피 의전'을 치르려고 식당 옆 카페로 갔다. 성숙한 어르신들이니 아무런 일 없는 것처럼 커피 마시고 여행 사진도 보며 덕담도 빼놓지 않았다. 시간은 더디게 지나간다. 남편은 눈을 감았다 떴다 한다. 무척 피곤해 보인다. 모처럼 만나 여행 기념 턱을 내리던 그녀에게도 이런 날벼락은 없었으리라.

고속도로를 달리고 있는데 요란한 소리가 난다. 덜렁거리는 바가 떨어지기 직전인가보다. 속도를 줄이니 소리도 줄어든다. 평소 정비를 하는 자동차 서비스센터에 도착했다. 보험회사에 사고 신고를 했다. 자동차를 사업소로 보내야해서 가방과 출판사에 보내려고 가져나온 교정원고를 챙겼다.

대화가 없어도 전혀 불편하지 않았는데, 지금은 말을 하지 않는 남편이 불편하다. 석 달 열흘을 굶어도 시원치 않을 상황에 '저녁 식사는 일찍 해야 해,' 하면서 식탁에 있는 찐 달걀과 고구마를 먹고 커피도 내렸다. 무거운 마음은 마음일 뿐, 마음 따로 몸 따로였다. '이런 일이 일어날 수 있지' 호기롭게 평정심을 갖다가도 그런 사고를 낸 것이 창피하기도 하고 화도 났다. 요동치는 내 마음 가는 대로 놔두었다.

새벽. 남편이 병원에 가야 하는 날이다. 대기하고 있는 택시가 있으려나. 택시 타는 곳까지의 거리가 이 삼 분 걸리는 그 길을 남편은 두어 번 쉬면서 오르막을 걷듯 한다.

IQ를 올리는 생활 속의 실천 중 하나가 '멍 때리기'라고 한다. 보통사람도 책상 앞에서 생각을 쥐어짜기보다 지하철에서 또는 마냥 걸으면서 불현듯 좋은 아이디어가 떠오르기도 한다. 유명 작가들도 글이 잘 안 써지면 무조건 밖을 나와 산

책을 한다는 글을 보았다.

'멍 때리기'는 뇌를 쉬게 하고 미처 생각하지 못한 영감이나 문제해결 능력이 생긴다고 한다. 고대 그리스 학자처럼 멍때리다가 '유레카' 외치면서 민망한 모습으로 튀어나올 망정 멋진 글이 나오면 그또한 좋지 않은가. 그래도 자동차 운전하면서 멍때리기는 "안 돼. 안 돼. 정말 안 돼!".

〈수필과비평작가회의〉 동인지 30호 원고 2024.05.24

한여름 밤의 꿈

핸들에 두 손을 얹고 정지 신호를 '뚫어져라' 쳐다보고 있다. 그 여자는 병원 쪽으로 고개를 돌리고 싶지만 참는다. 지금쯤이면 5층으로 향하는 엘리베이터 유리 벽 넘어 그가 보일 것이다. 둘은 생로병사生老病死에서 생로병生老病을 지금까지 함께 하고 있다. 그들이 함께 한 사십 여년의 삶이 봄바람에 휘리릭 넘어가는 책을 보는 듯 하다.

그 남자와 그 여자는 같은 직장에서 근무한 동료였다. 그 남자는 졸업하기 한 학기 전에 이미 와 있었고 그 여자는 졸업식 한 달 앞두고 그곳에 왔다. 그 남자는 대구, 그 여자는 서울이 고향이다. 서울에서 각기 다른 학교를 졸업한 그들의

졸업 패를 보면 졸업 날짜가 같다. 같은 해 졸업을 했다면 졸업식 날짜가 다 거기서 거기니까,

그들이 만나게 된 직장에는 그들처럼 졸업하고 온 새내기들이 열 명 이상이 있었다. 이들은 직장 부근 동네에서 하숙하거나 직장 내 호숫가 주변에 있는 사택에서 지냈다. 초기에는 대부분 서울이 본가인 새내기들은 주말이면 집에 열심히 가는 듯했다. 그여자도 주말이 오길 기다렸단다.

그여자는 태어나 처음으로 가족과 떨어져 낯선 곳에서 지내게 되었다고 했다. 앞으로 오랫동안 지낼 이곳에 마음을 붙이지 못하는 것 같았다. 이십 대 중반이 다 되어서 가족과 떨어졌다고 힘들어하다니 이해가 안 되었다.

누군가가 농담처럼 'SINGLE ASSOCIATION'을 조직하자고 했다. 'S · A'모임이 만들어졌다. '조직원'인 젊은 직원들은 주말이면 수안보나 가까운 곳을 나들이하고, 면 단위인 직장에서 좀 떨어진 시내로 진출해서 −요즘은 사장死藏된 낱말인 '경양식'집− '포시즌'에 가기도 했다. '돼지고기 두루치기'와 그즈음 유행하기 시작한 '삼겹살 구이', 등이 단골 메뉴였다. 둘은 지금도 그때 처음 먹어본 삼겹살 구이가 무척 맛있었다고 가끔 이야기하곤 한다.

언젠가부터 둘이 테니스장에 있는 걸 가끔 보게 되었다. 그

남자는 그 여자에게 테니스를 가르쳐주겠다고 했다. 테니스를 똑딱 볼 치듯 하다가 석양이 서서히 하늘을 물들이고 있을 때, 둘은 요즘 유행하는 산뜻한 스포츠 웨어가 아닌 '츄리닝'을 입은채 라켓을 들고 한 시간 가량 걸어서 시내로 갔다. 커피 한 잔 하자고 그 먼 거리를 걸어갔을까. 어떤 안주와 함께 마셨는지는 모르나 아무튼 시내로 진출한 날은 시원한 생맥주를 넉넉하게 마셨다. 그래도 정말 아무런 사이도 아니었다고 강조한다.

어느 날 사택이라고 하기엔 좀 규모가 큰 교장의 집에서 회식하는 일이 있었다. 그 남자가 교장에게 "여기 풍광이 참 멋집니다."라고 하니, 교장은 "S 선생 결혼하고 여기서 살면 되겠네요. 상대만 있다면 집(사택)도 있겠다." 그 남자는 결혼할 사람이 있다고 했다. 당연히 교장은 상대가 누구냐고 물었을 것이고, 그 남자는 식사를 하는 동료들 앞에서 그 여자라고 했다던가. 다들 어이없다는 표정이었다. 그여자도 그 남자가 편하긴 했지만 지금 말로 썸을 타는 사이는 아니었는데, 그 여자와 결혼을 하겠다니. 손목만 잡혀도 결혼해야 하는 시대도 아니건만 그여자는 그 말에 잡혀 오늘날까지 온 것 같다나.

"사귄 지 얼마나 되었다고 결혼을 하려고 하느냐."는 그 여자의 어머니 말에 그는 "이 세상에서 큰일은 다 몇 초 만에 결정되었습니다. 나폴레옹도~ "라고도 해서 그 상황에 웃음이 나올 뻔했단다. 승낙이 떨어지지 않자, 그 남자는 '통일동산'(근무지에 있는 숲)에서 결혼을 하자고 그여자를 채근했다.

다른 이들은 '잠깐의 해프닝으로 끝나겠지.', '장난이겠지.' 했다. 동료들은 가을에 그 남자가 그 여자와 결혼한다는 것을 알고는 황당했다고 한다. 동료들은 그 남자의 결혼 상대로 다른 사람을 생각하고 있었다.

현재 그들 아들의 딸이 초등학교 이학년이 되었다. 살아오면서 이런저런 이야깃거리가 있었으나 생략하기로 하자. 현재 그 남자는 일주일에 세 번, 병원에서 네 시간 넘게 누워있어야 하는 그것뿐 아니라, 종합병원에서 네 개의 과에서 진료를 받고, 부천과 부평의 다른 과도 순례를 한단다.

그여자는 틈새 시간 이용의 대가인 듯 보인다. 몇십 년 되는 모임도 이어오고 있으며, 시간이 맞는 친구들과 일주일 두세 번은 맨발 걷기를 하고, 주민자치센터에서 운영하는 운동도 한다. 노트북을 들고 도서관이나 카페를 간다. 나름대로 자신의 상황을 잘 이용하는 것 같다. 단지 예전처럼 그 남자와 또는 친구들과 가던 여행이 어려워진 점을 아쉬워했다.

잠깐 그 여자에게 콧노래가 나올 법한 일이 있었다. '동창들과의 칠순 여행' 일정이 그 여자를 들뜨게 했다. 여행 일정에 따르면 주말에 그 남자와 병원에 갔다 올 사람이 있으면 나머지 이틀은 그 남자가 혼자 있어도 될 듯했단다. 그 남자가 격하게 좋다고 하지도 않았지만, 가지 말라고 하지도 않았다. 그 여행하는 기간 아들이 와 있겠다고 했단다. 그럼 다 해결된 것 아닌가.

며칠 간의 여행을 떠올리며 즐거워해야 하는데, 그여자는 자신이 없는 동안 '괜찮을까.', '그 남자가 잘 지낼까.', '최악의 상황이 오면.' 등등의 시뮬레이션을 돌리느라 어지러웠다. 여행사에 여권을 보내면 상상이 멈춰질까 했지만, 더 심해졌다나. 다음 날 9시가 되자마자 여행사와 친구들에게 여행 포기를 알리고 나니, 정신없이 돌아가던 시뮬레이션이 순식간에 멈추었다. 한여름 밤의 꿈이었다.

감았던 눈을 뜨니 웬 할매가 보여 화들짝 놀랜다. 언제 그 책장을 덮는 날이 올까. 삶이 앞으로 십 년? 이십 년? 이 남았을까. 알 수 없지. 그보다 빠를 수도. 그여자는 자기가 친정엄마를 닮았다면 십오 년 남았다고 한다.

지금도 그여자는 그 남자가 병원에 누워있는 네 시간 동안 영화를 볼까 하고 앱을 열었다. 시간이 맞는 영화가 없다. 카페에서 책을 읽을까, 도서관에나 갈까. 시간이 되어 그 남자와 병원에서 나오면서 "라면 끓일까, ○○ 옥에서 메밀국수를, 생선 초밥." 즐거운 식사를 상상한다.

그들은 주어진 상황을 이용해서 즐겁고 편안하게 지낼 것이다. 얼마나 시간이 남아있는지는 신만이 알겠지. 그 시간 동안 그 여자와 그 남자는 한여름 밤의 꿈이라고 해도 좋은 꿈을 꾸길. 그럼 이 또한 좋지 않은가.

나에게 글쓰기란

커피를 내린다. 물을 한 잔 마신다. 탁자 위를 정리한다. 평소 보이지 않던 먼지가 보인다. 물휴지로 먼지를 닦고는 거울을 보며 머리를 정리한다. 내린 커피 한 잔 가득 따라서 겨우 모니터 앞에 앉는다. 옆에 있는 책으로 눈이 가서 몇 쪽을 읽는다. 다시 빈 화면을 마주한다. 자판에 두 손을 얹는다.

왜 쓰고 싶은가. 정말 왜 글이 쓰고 싶지? 모니터 앞에 앉는 것도 힘들어하면서 말이다. '내가 나를 모르는데, 난들 너를 알겠는가.' '타타타(산스크리트어로 '그래 그거야'라는 의미라고 한다.)' 노랫말에 숨을 생각은 없지만 내가 나를 모른다고도 안다고도 할 수 없다. 죽어가면서도 자신을 다 모른다고 하지 않는가. 잘 모르는 나를 말로 풀고 글로 써보고 싶다. 맑은 유리 안에 있는 진짜 나를 그리듯이 글로 표현하려고 한다. 내면에 들끓고 있는 것들을 실타래 풀 듯이 서리서리 풀어서 가지런하게 쌓고 싶다. 쓰고 또 쓰다가 보면 '어쩌면 삼라만상의 이치를 꿰뚫을 수도 있는 근력이 생기지 않을까.' 하는 허무맹랑한 생각도 한다.

몇 분도 안 되어 자판에 올린 손을 거둔다. 펼친 책으로 눈이 간다. 내 생각을 어찌도 이리 잘 표현했을까 하는 글을 읽는다. 절로 감탄이 나온다. 이래서 표절을 하는 유혹을 느끼는가. 내가 하고 싶은 말을 정확하게 표현한 작가의 글을 내 글인 듯 옮겨 적고 시치미 떼고 싶다.

"당신이 가장 두려워하는 일을 찾아라. 진정한 성장은 그 순간부터 시작된다. 심리학자 카를 융은 이렇게 속삭인다."〔정여울 (2013)『마음의 서재』〈천년의 상상〉〕

두려워하는 것을 찾아 행동으로 옮기면 나의 발전과 성장을 기대할 수 있다고 말한다. 글을 쓰고 싶은 마음과 글을 써야 하는 두려움이 공존한다. 두려움으로 나는 글쓰기를 주저하지만 도망치지는 않는다. 융이 말한 '진정한 성장' 기대하고 있다. 글쓰기는 비겁해지고 타인의 뒤에 숨고 싶은 내게 주어진 모든 상황을 직면하게 한다. 불평보다는 감사를 먼저 말하게 한다.

> "그때 나는 처음으로 알았다. 제대로 마음을 표현하지 않으면 인간의 영혼은 병들게 되어 있다는 것을 너무 직접 감정을 표현하면 관계가 파탄 날 수 있고, 너무 간접적으로 에둘러 표현하면 솔직한 감정의 카타르시스를 느끼기 어렵다. 그래서 자기 이야기를 언제든 서로에게 털어놓을 편안한 상대가 필요한 것이 아닐까. 내 마음이 무엇인지 나조차 모를 때가 있다. 그럴 때 글을 쓰면 우리 마음속에 숨어 있는, 투명한 나 자신과 만나는 비밀통로가 하나 생긴다."〔정여울 (2013)『마음의 서재』〈천년의 상상〉 269쪽〕

물이 고여만 있으면 썩는다. 우리 몸에서 혈액이 제대로 돌지 않으면 병으로 고통받고 사망에 이르기도 한다. 감정도 내 안에 고여 있으면 문제가 생긴다. 글쓰기는 엉킨 복권 추첨 숫자 구슬이 휘몰아치다가 입구로 나오듯이 감정의 통로를 만들어 준다. 그 감정들이 물에 풀려 나오는 국수 가닥처럼 적당하게 끊어 차곡차곡 정리하게 될 것이다.

좋은 글은 가슴을 울리고 상상하게 하는 여유가 있다. 나와 너를 위로하며 질책하기도 한다. 많은 감정을 경험하게 하는 좋은 글은 삶의 즐거움과 용기를 주기도 한다. 상황에 따라 변하는 것이 아닌 진실만 마주하게 한다. 포장하지 않는 투박한 글. 그런 좋은 글을 쓰고 싶다.

글쓰기는 자신을 직면해야 하는 작업이다. 책상 컴퓨터 앞에 쉽게 앉지 못함은 자신을 바로 보기가 힘들기 때문이다. 나를 그대로 이해하고 위로해주려고 한다. 대중 앞에 서고도 싶고, 아무도 모르는 곳으로 숨고 싶은 모순. 나를 보여주고 있는 '글쓰기' 그 두려운 일을 하려고 하는 나의 내면은 모순으로 가득하다. 나는 괜찮은 작가가 되고 싶은 허영심, 너와 다르다는 경계심도 있다.

한 문장 한 문장 내 안에서 나와 이어 붙이기를 한다. 문장을 내렸다가 올렸다가 다른 문단으로 이사를 시키거나 지우기도 한다. 작은 천 조각을 모아 이리저리 붙이다 보면 보기 좋은 조각보처럼 괜찮은 글이 나오기도 한다. 가끔은 모순과 두려움을 휘감고 어렵게 모니터 앞에 앉아 첫 문장을 쓰면, 누에고치에서 실이 나오듯, 마법처럼 글이 술술 나오는 순간도 있다. 포장을 벗긴 나, 나의 서사를 쓰고 싶다.

〈2024수비서울경인 원고〉 2024.08.31.

회색으로 남는다는 것

황희 정승의 일화는 지금까지 회자되고 있다. 집안의 하인의 다툼을 지켜보던 정승이 "네 말도 옳다, 네 말도 옳다." 고 하니, 이를 보던 부인이 "둘 다 옳다고 하면 어쩌십니까." 라고 묻자, 그는 "부인 말도 옳소."라고 했다고 한다. 황희 정승의 깊은 속내를 내가 어찌 헤아릴 수 있겠냐만, 이 말도 저 말도 틀리지 않은 것 같은 때에 나는 이 일화를 떠올린다. 무엇이 옳은지 보이지 않아, 어느 편도 들지 못하고, 그저 망설이고 있을 때가 종종 있다.

냉장고에 와서 무엇을 가지러 왔는지 잊곤하는 나, 정치인의 이름도 정책의 맥락도 읽기 힘들다. 그들은 어떻게 저토록 확신에 차서 자기 생각을 펼칠까. 그들은 정치가의 이름

뿐아니라, 나름대로 정치의 흐름을 나름대로 파악하고 분석한다. 그러나 난 이도저도 의심스럽다. 나도 답답하다. 어느 쪽의 주장이 박수 칠 만한 것인지 알고 싶다.

얼마 전까지 몸담았던 단체에도 의견을 갈리고, 감정이 부딪히는 순간이 많았다. 이쪽의 의견도, 저쪽의 입장도 저마다의 이유와 사정이 있어 보였다. 이쪽 주장도 일리가 있고 저쪽 주장도 나름의 타당성이 있다. 그래도 어느 한쪽 입장에 서야하는 판단을 내려야 하는 순간마다 이러지도저러지도 못한다. 그렇다고 처세술이 능한 것도 아니고 모두에게 인정받고 싶어서도 아니다. 단지 성급하게 동조하기 어려웠다.

정치적 사건이 터졌을 무렵 친구들과 만났다. 한 친구가 속이 쓰리다고 한다. 나는 "아침 식사를 못 했어? 왜 속이 아프지." 했다. 그는 요즘 정치적 혼란 때문에 너무 답답해서 잠도 못 잤고, 속도 쓰리단다. 뒤늦게 떠올려보니, 자신의 분노와 상관없다는 듯한 나의 무심함에 어이없어하는 표정을 지었던 것 같다. 정치에 특별한 관심이 없는 나는, 몇 달 사이에 더 강해진 그의 정치비판에 어떻게 반응을 해야 할지 몰라서 힘들었다.

"정치는 전문가들이 하면 되지. 우리 셋 중 둘이 정치에 관심이 많으면 된 거잖아? 나는 빼줘. 모임에서 정치 이야기하는 팀은 우리밖에 없어." 했다. "그럼 만나서 무슨 이야기를 해야 하는데? 한쪽에라도 관심을 가져야지."라고 했다. 셋은 각자 일상을 이야기하다가도 팽팽한 고무줄이 제자리로 돌아오듯, 다시 정치 이야기로 돌아왔다.

며칠 전에 읽은 수필가가 쓴 글이 생각난다. 그는 "이제 정치에는 관심이 없다. 뉴스조차 보지 않는다. 정치는 전문가가 하면 되고, 나는 그저 하루하루를 잘 살아내면 된다."라고 했다. 나도 같은 마음이다. 국가의 안녕과 건강을 바라는 마음과 내 위치에서 건강한 시민으로서 하루를 살아내는 것이 나의 국가를 사랑하는 방식이며 책임이다.

그 모임 이후, 단체 톡방에 그가 "이제 그만 보자고"하는 문자가 보인다. 가끔 몇 달씩 연락을 끊었던 그인지라 그를 걱정하는 마음으로 직접 전화를 했다. 그는 피곤해서 그만 보고 싶다고 한다. 여전히 눈치도 없는 나는 "네가 편해지면 다시 보자."라고 하고 전화를 끊었다. 그다음이 문제다. 그는 내게 장문의 톡을 보냈다. 비난의 돌팔매질이었다. 그 순간은 낯선 이만도 못한 먼 존재가 되었다.

자신이 아는 것이 다 진실일까. 정치인의 이름을 줄줄 꿰고, 정치의 흐름을 잘 해석하는 것처럼 보이지만, 그것들을 어떻게 맞다고 확신할 수 있을까. 박완서는 단편 〈여덟 개로 남은 당신〉에 "서로 목청을 높여 싸우는 걸 봐도 전처럼 선뜻 어느 쪽이 옳거니 양자택일이 안 되고, 또 그놈의 틈바구니에 사로잡히게 된다." 라는 글이 있다. 소설에서 나온 내용이지만 박완서 님이야 전체적인 그림을 보면서도 양자택일을 못 했던 것이겠지. 대 작가도 저런 고민을 하는가 보다.

나는 전체적인 그림을 보지 못한다. 그것들이 옳은 정보인지 확인할 방법도 내 능력 밖이다. 어느 쪽이 옳은지 모른다. 세상의 문리를 깨달은 초인이 되어서 그들 주장이 박수 칠 만한 것인지 반박할 이야기인지 판단할 수 있다면. 내게는 불가능하다.

요즘은 정치가 일상 깊숙이 파고드는 것 같다. 대통령이 검찰 조사를 받는 뉴스가 연일 보도되고, 예전과 달리 구독 중인 월간지에 정치적 글이 종종 눈에 뜨인다. 남편도 늘 항상

지지하는 정치 유튜브 방송을 보고있다. 함께 있는 거실에서 음량을 크게 틀어 놓는다. 소리가 너무 크다고 하다가도 "힘들 텐데, 의기소침하지 않고, 관심 있는 방송을 들으니 감사한 일이로다." 하고 넘긴다.

때때로, 유튜버들의 주장이 지나치게 느껴진다. "저 사람, 정확하게 알고 말하는 건가?, 과장해서 말하는 거 아냐? 시청자를 너무 부추기는 것 같아. 정말 그런 일이 있대?"라고 하면, 남편이 꼭 하는 이야기가 있다. "당신 친구들 만나고 오더니 그러는 군." 한다.

내가 친구들의 영향을 받아 그렇게 말한다고 치부해버리는 것이다. "0도 나와 정치적인 색이 안 맞고, 개념 없다고 그만 만나재." 했다. 남편의 주장도 동조하기 힘들고, 친구의 분노에도 공감하기 어렵다. 남편이 바로 내게 던지는 말. "그럼 당신은 '회색 주의자'야." 회색 주의자라고? '회색'이 무슨 죄인가. 남편은 어느 편에 서지 않는다는 이유로 회색 주의자라고, 박쥐라고 한다. 난 이쪽에서도, 저쪽에서도 설 자리가 없다.

흑黑과 백百으로, 적赤과 청靑으로 나누어야만 문제가 해결되는가. 이 좁은 나라에서 정치적 입장이 없거나, 정치적 입장이 다르다는 이유로 등을 돌려야 하는가. 다른 몇몇 모임에서는 지지하는 정치색이 다르다는 것을 알지만, 굳이 정치 이야기를 하지 않는다. 그저 삶의 크고 작은 이야기를 나누고, 걱정을 털어놓으며 위로를 주고받을 수 있는 관계가 나는 좋다. 그래서 차라리 나는 회색으로 남아있겠다. 빛을 품은 회색으로.

– 《인천문단》 제54집 원고 2025.05.29.)

거짓말

저녁 식사 후 남편과 산책을 하고 들어왔다. 화장실에 들어가던 남편은 나를 다급히 불렀다. 변기 안에 다 탄 성냥개비 몇 개가 둥둥 떠 있었다. 한동안 잠잠하더니, 아들이 또 불장난한 모양이다. 성냥불이 켜질 때의 불꽃이 신기한 걸까. 예전에도 베란다를 청소하다 보면 성냥불에 뚫린 종이가 발견되어 여러 번 주의를 시킨 적이 있었다.

나는 단단히 벼르며 아들에게 불장난했느냐고 물었다. 어이없게도 아니라고 한다. 뻔히 보이는 일을 아니라고 하니 화가 났다. 이런저런 정황을 들이대면서 다그치자, 아들은 마지못해 입을 열었다.

"공원에서 폭죽 터뜨릴 때 쓴 성냥인데 가져와서 변기에 넣은 거예요."

일부러 가져와 넣었다는 말은 믿기 어렵고 그렇다고 정말 아닌가 싶어도, 성냥이 너무 온전한 상태라 더욱 의심스러웠다. 나는 흥분해서 소리지르며 화를 냈다. 처음부터 솔직하게 말했으면 이렇게까지 되지 않았을 텐데 무슨 마음으로 그랬는지 답답했다. 부모가 너무 무섭게 하면 자녀가 거짓말을 한다는데…….

혹시 거짓말이 습관이 된 것은 아닐까. 어린 시절부터 그렇게 쉽게 거짓말을 한다면, 성인이 되어서는 어찌 되는 걸까. 식은땀이 날 정도로 불안했다. 내가 너무 지나치게 예민한 반응을 하는 것 일지도. 마치 '도둑이 제 발 저린 듯', 나의 기억이 아들을 더 다그치고 있는 것이다.

지금도 가끔, 마음 한구석에 있는 그 일이 떠오르게 되면 부끄럽다. 지나간 일이고, 자책해도 소용없지 않은가. 십수 년 전 시월 중순쯤 무척 건강하다고 생각했던 아버지가 갑작스럽게 쓰러졌다. 아버지는 병원에 하루쯤 있다가, 집에서 회복하던 중이었다. 아버지가 출근을 못하고 안방에 자리하는 그때, 나는 허공을 떠도는 기분으로 학교를 왔다 갔다 했다. 늘 불안했고, 그런 불안을 잊고싶어서 친구들과 어울리고 아르바이트를 하며 늦게까지 밖에서 헤맸다. 아버지 곁에서 말동무도 해드리고 집안일도 거들었어야 했지만, 새벽같이 나가서 밤늦게 귀가했다. 무엇에 짓눌리는 기분에서 좀처럼 벗어나지 못했다. 불행이 은밀하게 기어들어 오는 듯했다.

그즈음, T를 자주 만났다. 함께 걷고, 차를 마시고, 음악을 들으며 시간을 보냈다. 버스표가 한 장밖에 없어도 T의 동네로 향하는 버스를 탈 정도로 자주 만났다. 그런데 아버지는 언제부터인지 정확히 기억이 나지 않지만, T를 만나는 것을 좋아하지 않았다. 아마도 내가 자주 그 친구와 같이 있느라 늦은 밤에 귀가하는 것이 불안하고 맘에 들지 않았으리라.

아버지가 쓰러지신 지 열흘쯤 된 늦은 저녁, 나는 T를 만나러 나갔다가 결국 만나지 못하고, 정처 없이 거리를 배회하다가 늦게 귀가했다. 안방에 인사드리러 갔더니 아버지는 밀린 장부를 정리하고 계셨다. 다음 날부터 가게에 나가실 계획이라고 했다. 그간 많이 회복된 모습이었다.

그때 아버지가 물었다.

"T네 집에 갔었니?"

"아! 아니에요"

"그 애한테 전화 왔어. 네가 왔다 갔다고 하더라."

"…… ."

그 순간 아버지는 나를 어떻게 생각했을까.

그리고 몇 시간이 지난 새벽, 아버지는 정말 홀연히 이 세상을 떠나버렸다. 큰딸을 야단치지도, 책망하지도 않고, 내게 어떤 변명할 기회도 주지 않으시고 그렇게 떠나셨다.

아들은 반성문을 써서 내밀었다. 남편은 조용히 아들의 종아리에 약을 발라주었다. 아들도 거짓말을 할 수밖에 없었던 사정이 있었을 것이다. 나 역시 될 수 있는 한 솔직하려고 애쓰지만, 때로는 여러 사정으로 사실과 다르게 말하는 경우가 있다. 평생 거짓말을 하지 않고 사는 사람도 있을 것이다. 하지만 거짓말을 하지 않기 위해서는 대단한 용기가 필요하다. 그럼에도 지금 이 순간도 내 아이만은 그런 용기 있는 사람으로 자라나길 바라고 있다. 어쩔 수 없는 엄마이기에.

– (1994년 부평도서관 글샘 4집)

●

3부

●

바빠 보여서

'코로나 19'는 삶에 많은 변화를 주었다. 내게는 손주를 돌보게 된 일이 그 중 하나다. 손녀가 다니는 어린이집이 코로나 19로 단축 운영을 하게되었다. 하루 세 시간 정도 손녀를 데리고 있기로 했다. 매일 왕복 70㎞ 거리를 두 시간가량 운전해야 하지만, 손녀의 엉뚱한 말과 행동을 즐기는 시간이 좋다. 오늘은 손녀가 어떤 말을 할까. 입꼬리가 절로 올라간다.

코로나 문제가 더 심각해지자, 감염 확산을 방지할 목적으로 도서관 재再 휴관, 월미공원과 인천 대공원 등을 일정 기간 폐쇄한다는 문자가 왔다. 손녀가 다니는 어린이집도 하원(下院) 후 부속 놀이터에서 놀곤 했는데, 어린이집 교사는 놀이터도 이용 중지라며, 바로 하원 하라고 한다. 집으로 가기 전, 더 놀고 싶어하는 손녀를 데리고 동네 공원을 가기로 했다.

오늘은 손녀가 '잘못 간 놀이터'를 가자고 한다. 놀이터 이름이 '잘못 간 놀이터'가 있을 리 없는데 '잘못 간 놀이터'에 가자고만 한다. 몇 차례 이렇게 저렇게 물으니 손녀는 제 아빠와 갔던 놀이터를 가자고 했지만, 그곳 지리에 어두운 내가 다른 놀이터로 데리고 갔더니, 그다음부터 그곳이 '잘못 간 놀이터'로 요즘말로 네이밍 한 것.

그렇게 도착한 '잘못 간 놀이터'는 '새싹 공원'이었다. 공원 안으로 뛰어가자마자 낯선 아이들에게 "언니. 오빠들~ 비타민 줄게!" 한다. 그러나 아이들은 오히려 경계했다. 남자아이들은 저들끼리 놀기 바빠서 관심이 없다. 여자아이들은 '언니' 하며 쫓아다니는 손녀와 그런대로 놀아준다. 손녀는 포기하지 않고 "비타민 줄게. 맛있어. 우리 할아버지가 주신 거야." 한 아이는 "먹고 싶지 않아." 하며 다른 아기가 받은 것조차 "남이 준 것은 먹으면 안 돼" 하면서 아기 손에 있는 것을 빼앗아 돌려준다. 민망하기는 했지만, 모르는 사람이 주는 것을 함부로 먹으면 안 되기는 하지. 부모가 안전지도 교육을 잘 시켰다.

손녀는 비눗방울 놀이로 공원에 있는 언니와 동생들 관심을 끌고 미끄럼틀을 타고 숨바꼭질하면서 '비타민 치욕'을 만회하고 재미있게 논다. 그 틈에 손녀는 자녀들에게 간식 챙겨주는 엄마들에게 다가가 자기 개인정보를 다 흘리면서 간식을 얻어먹기도 한다. 두어 시간 지나자 이곳저곳 벤치에 있던 부모들이 자기 아이 이름 부르며 집에 가자고 한다. 우리도 아들네가 귀가할 시간이 되어 손녀에게 가자고 하니 늘 그렇듯이 '조금만 더.' 한다.

손녀에게 다가가니 어디서 났는지 여러 가지 모습의 고양이 스티커를 미끄럼틀 측면에 하나씩 떼어서 붙이고 있었다. 나에게도 함께 붙이자고 한다. 그런데 잠시 후 손녀보다 두세 살 많아 보이는 아이가 다가오더니 아주 조심스럽게 "너, 그거 어디서 났어?" 몇 번을 묻는 것이었다. 나는 지켜보다가 그 아이에게 "이것, 네 스티커니?" 물었다. 그 아이의 것인 몇 조각 남은 스티커를 돌려 주면서 뭐라고 해야 할지 당황스러워 사과도 하지 못했다. 그저 손녀 손을 잡아끌고 공원을 나왔다.

"00야. 스티커 그 언니 거야?"

"응"

"언니한테 허락받았어?"

"아니."

"그럼 왜 가져갔어? 언니한테 가져도 되냐고 물어봐야지."

"물어보려고 했는데 언니가 바빠 보여서 못 물어봤어."

"그래도 물어보고 된다고 하면 갖고 놀아야지. 남의 물건을 마음대로 쓰면 안 돼."

"그럼 나는 *이름도 없는 평범한 아이야? 나쁜 아이라구? 나 화났어."

"이름도 없는 평범한 아이가 왜 나쁜 아이야. 그리고 너는 00라는 이름이 있잖아.

"00이는 이름도 있고 예쁜 아이야. 그런데 언니가 바빠 보여도 허락을 받고 그 언니 스티커를 가져갔어야지. 그 언니 속상하겠지"

"응. 그렇지만 그 언니가 바빠 보였다구."

내가 다섯 살 아이와 무슨 말을 하고 있는지…. 상대가 바빠 보인다고 묻지도 않고 마음대로 남의 것을 쓰는 건 잘못한 일이라고 설명을 하지만 손녀는 막무가내다. 내 것과 남의 것을 구분하지 못하는 나이인가. 장난감이나 좋아하는 간

식을 곁에 있는 아이에게 주라고 하면 '00 거야. 만지지 마.'
라고 하는 것을 보면 그도 아닌 것 같다. 남의 물건을 마음대
로 쓰는 행동은 옳지 않다는 것을 알아야 하는데, 할머니의
지적에 섭섭한 것이다. 코로나 육아 쉽지않다.

 *이름도 없는 평범한 아이: 손녀가 보고 또 보는 만화영화 〈신비아파
트〉 중에서

날씨가 참 좋지요

울타리에 늘어져있는 개나리만 보다가, 우뚝 서 있는 개나리 나무가 낯설다. 노란 꽃이 화려하고 탐스럽다. 며칠 전만 해도 붉은 점을 찍어 놓은 듯한 홍매화 봉오리는 만개하였다. 보글보글한 분홍꽃이 탐스럽다. 구석진 곳에 있는 산수유 꽃도 질세라 며칠 전보다 더 짙은 노란색으로 빛난다. 겨우내 매달려 있던 산수유의 붉은 열매는 더 매달릴 의미를 잃었는가 화단 바닥에 흩어져 있다. 손녀는 쪼그리고 앉아 몇 개를 줍더니 화단에 심겠다고 한다. 주목은 그럭저럭 먼지를 쓰고 잘 견디면서 꿋꿋이 봄을 맞고 있다.

매년 2월 넷째 주쯤, 어린이집의 방학이 되면, 행사처럼 아들네 집으로 와서 며칠 동안 손녀와 돌봤다. 올해도 미리 일정을 챙겼지만, 코로나 19로 며칠이 아닌 장기 육아가 시작되었다. 손녀를 만나러 인천에서 서울로 다닌 지 어느덧 칠주째로 접어들고 있다.

어린이집은 장기 방학에 들어섰다. 그러나 맞벌이 부부를 위해 선택적으로 어린이집을 단축 운영하고 있다. 우리는 집에서 두세 시에 출발하여 서너 시에 어린이집에 도착한다. 현관에서 교사는 손녀에게 운동화 신는 법을 지도한 후, 우리에게 보낸다. 손녀는 어린이집 놀이터에서 더 놀고 싶어한다. 어린이집에 남아있는 친구들과 더 놀고 싶었는데 우리가 눈치 없이 일찍 온 것이다.

"오늘 코로나바이러스 때문에 친구들이 두 명 만 왔어요."
아기가 '코로나바이러스'라는 말을 자연스럽게 말한다. 친구들이 안 오는 게 아쉽다. 어린이집 놀이터에서 있을 때 어쩌다 늦게 어린이집에 들린 반 친구를 보면 반가워서 춤을 추듯이 팔짝팔짝 뛴다.

코로나는 중국 우한에서 발생해서 초기에는 '우한 폐렴'이라고 했다가 명칭이 '코로나 19'로 바뀌었다. 우리나라에는 일월 말경 첫 감염자가 생겼고, 2월 중순이 될 때까지도 마스크를 쓰고 다니는 사람을 별난 사람이라고 비웃을 정도였다. '메르스'나 '사스', '신종플루'처럼 곧 잠잠해질 줄 알았다.

2월 중순에 남편 고향인 대구에 다녀왔다. 현풍에 있는 시동생 집에 머물며 산청, 봉화로 놀러 갔다. 다음 날은 시외숙모와 시누이를 만나러 대구 시내에 다녀왔다. 인천 집으로 돌아와 친구들과 점심을 먹을 때까지만 해도 평온했다. 감염자 수도 삼십여 명 남짓이었다.

하지만 며칠 지나지 않아 대구와 경북이 주요 뉴스 중심이 되었다. 병원이나 공공장소에 가면 중국이나 대구 경북 갔다 왔는지 묻기 시작했다. 감염자 수는 하루 수백 명씩 급증했다. 머릿속으로 대구에서 움직였던 동선을 되짚고, 만났던 사람들을 떠올렸다. 며칠 전 친구들 만나고 왔는데 괜찮겠지. 현풍에 있으면서 다른 지역을 관광하고 딱 하루 대구 시내 갔다 왔는데. '000 교도를 만날 일이 있었을까?', 시외숙모는 그 000 교도는 아니었겠지. 시누이네와 만둣집에서 식사했는데. 괜찮겠지.

코로나 19 잠복기가 2주라는 말에 모임과 회의는 취소하고 사람도 만나지 않았다. 감염되었을 가능성은 없으리라 생각되지만, 스스로 조심했다. 누군가를 만나는 일은 자제했다. 다행히 아무 일 없이 지나갔다.

2월 말 감염자는 3천 명 남짓 되더니, 3월 말인 지금은 1만 명에 육박했다. 심각해지면서 대부분 마스크를 쓰고 안 쓴 사람에게 비난의 시선을 보내기도 한다. 자신도 감염되지 않도록 하고 타인에게도 피해를 주지 않으려고 노력을 한다. 정부는 처음에는 느긋하게 대처하더니 '사회적 거리 두기'와 코로나바이러스 예방과 관련하여 끊임없이 홍보했다. 약국 앞에는 마스크를 사기 위한 줄이 늘어서고, 공급 문제로 시끄러워졌다.

확진자 수는 줄어들지 않았고, 자가 격리 권고를 어긴 이들 때문에 분노가 들끓었다. 감염자가 무분별하게 여행을 해서, 그들이 거쳐 간 식당, 관광지, 숙박업소는 소독해야 하고 당분간 영업장 폐쇄로 막대한 손해를 입게 되었다. 외국에서 온 외국인은 기침하면서도 마스크도 쓰지 않은 채 버스를 타고 자전거와 오토바이를 타고 공원을 찾았고 선별검사를 받은 후도 자가 격리를 하지 않고 골프연습장을 찾아다녔다고 한다. 그들에게 손해배상 청구를 하려고 한다는 기사를 보며 무책임한 행동을 하는 이들에게 소리 없는 비난을 퍼부었다.

수치가 조금 수그러졌다고 해도 '코로나 19' 확진자가 매일 백여 명씩 발생하는 형편이다. 중국과 우리만의 문제이던 것이 어느덧 전 세계가 코로나바이러스에 갇혀있다. 공항과 각종 운동 경기장, 공연장, 발 디딜 틈 없었던 유럽 관광지가 텅 비었다. 교황이 혼자 미사 집전하는 폐쇄된 바티칸 성 베드로 광장 사진을 보니 공상 영화를 보는 것만 같다. 2011년에 개봉한 영화 〈컨테이젼〉을 보면서 그때는 정말 공상 영화라고 생각했다. 며칠 전 위성방송에서 그 영화를 다시 보았다. 지금의 현실과 어쩌면 저리도 같은지. 지금에서야 감독의 상상력에 감탄했다.

3월이면 끝나리라 여겼던 코로나 19는 쉽게 사라지지 않을 것이다. 긴 싸움이 될 것이다. 우리의 생활과 의식, 사회전반이 바뀌고 있다. 느긋하게 여유 있게 차분하게 대처해야 할 것이다. 긴 싸움이 될 것이다. 전문가들은 이 시기가 끝난 뒤 새로운 사회로 나아갈 것이라고 말한다. 나 또한 기대해 본다. 이 위기가 끝이 나면 좀 더 성숙하고 단단해진 '나', '우리'와 사회를.

세상일은 나쁜 일도 완벽하게 나쁜 것만도 아닌듯하다. 이 시기 덕분에 조금이라도 더 보고 싶었던 손녀를 매일 보는 일도 그중 하나 아닐까. 어린이집 개원은 계속 연기되고, 우리는 좀 더 손녀를 돌보게 될 것 같다. 작고 부드러운 손이 내 손을 잡는다.

"할머니, 오늘 날씨 참 좋지요?"

"그래, 참 좋네."

— (에세이포레 2020 여름)

지금의 나라면

'코로나 19'의 여파로 손녀를 돌본 지도 어느덧 다섯 달째. 자칫 우울하고 불안한 시기에 두어 시간 손녀와 보내는 재미가 쏠쏠하다. 아이가 고집을 부리고 엉뚱한 말을 해도 그저 유쾌하기만 하다.

월요일 어린이집으로 달려갔다. 손녀는 며칠 만에 보는 우리에게 달려올 줄 알았는데, 친구 손을 잡으며 '우리 같이 놀자.'라며 우리 쪽은 쳐다보지도 않는다.

이런 아이들에게 어찌 화를 낼 수 있을까. 요즘 아동학대 관련 기사가 연일 보도되고 있다. 딸을 베란다에 묶어놓고 화상을 입히거나, 여행 가방에 아이를 가두어 숨지게 한 사건은 너무 끔찍하다. 학대당한 아이가 지옥 같은 곳을 탈출하여 이를 발견한 주민이 경찰에 신고했다.

이어 엄마가 의붓아들을 약 일곱 시간 동안 여행 가방에 가두었다가 결국 죽게 한 사건도 있다. 학대 내용을 그대로 옮기지 못할 정도로 끔찍한 폭력을 보면서 격분한다. "아이가 어떤 잘못을 했다고 해도, 저건 사람이 할 짓이 아니야."

말로, 정신적으로, 신체적으로 상대방의 의사에 반하여서 하는 모든 것이 폭력이고 인권침해라는 의식 실천이 중요하다. 어린아이와 악수를 하자고 하는데 아이가 손을 내밀지 않는데 억지로 그 아이의 손을 잡고 악수를 한다면 이 또한 폭력이다. 폭력에 대한 민감성을 놓치기 쉽다.

하지만 '당신은 아들을 키울 때, 손녀에게 하듯 그렇게 했는가.' 묻는다면 고개를 들 수 없다. "나는 내 아이에게 큰소리를 친 적 한 번도 없고 아이가 하고 싶은 것 다 해주고, 하기 싫다는 것을 억지로 하게 한 일이 없어요."라고 말할 수 없다.

강사활동을 할 때 '가정폭력 예방' 강의 중, 수강자들에게 '이 정도는 폭력이 아니라고 했던 것들이 사실은 폭력입니다'라고 말했다. '아들이 유치원·초등학교 때 했던 체벌, 학생들에게 했던 체벌을 '저는 폭력 엄마고, 교사였어요'라고 농담하듯 고백하곤 했다. "아마도 여기 계신 분들 가운데 '아동학대 범죄자'는 아니지만 저처럼 폭력 부모가 아니라고 확실하게 말씀하실 수 있는 분~." 라고 하면, 수강자들은 까르르 웃는다. 그 웃음에 나는 슬며시 아들과 학생들에게 했던 폭력을 합리화한다. '그 시절에는 어쩔 수 없었잖아요, 다 그랬잖아요' 스스로 면죄부를 내린다. 그 시절에도 체벌하지 않고 화를 내지 않고 아이를 키우는 부모들도 많다. 당연히 그랬어야 했다.

지금은 안다. 가게에 진열된 장난감을 사달라고 조르다 바닥에 앉아 고집피는 아들에게, 유치원 재롱잔치때 단체 유희 중, 무리에서 빠져 나오는 아들에게 부끄러운 행동을 했다는 것을.

지금의 나라면 장난감을 사주지 않는 이유를 설명하겠지. 아들의 손을 잡고 '아들아 너를 정말 사랑해'라는 표정으로 눈을 들여다보면서 이번 달에는 장난감을 한 개 샀으니까 다음 달에 꼭 사줄게. 또는 집에 비슷한 장난감이 있으니까…. 그래도 사달라고 고집을 피우면 더 따뜻한 표정으로 안아주면서 "엄마도 못 해 주는 게 있어. 이번에는 네가 양보해야해."

지금의 나라면 어린 아들이 재롱잔치를 하다가 나온 아이에게 힘든지, 화장실 가고 싶은지 혹은 하기 싫은지 물어 봤을 것이다. 무대에 다시 들여보내려고 설득하다가 아이가 끝까지 고집을 피우면 아이를 끌어안고 다른 아이들 율동을 같이 구경했을 것이다. 그러다 보면 아이는 다시 자기 자리로 돌아가겠다고 했을는지도. 아들은 "그때 엄마는 나보다 어렸잖아요. 봐줄게요." 나는 그 말만 기억하며 안도한다. 듣고싶은 말만 기억하는, 참 편리한 인간이다.

소설처럼 시간여행이 가능하다면 아들의 어린 시절로 돌아가서 손녀에게 하는 것처럼 다정하게 대하고 싶다. 하지만 후회한다고 잘못이 사라지지 않는다. 나의 잘못과 아들의 상처는 그대로 있다. 다만 망각이라는 묘약이 그것을 희미하게 만들 뿐이다.

손녀를 자주 만나게 되니 무조건 들어줄 수는 없다. 가끔은 안 된다고 하는 것도 있고, 하도록 강제 하는 것이 있다. 그럴 땐 손녀의 손을 잡고 눈을 보면서 알아듣도록 설명을 한다. 그러면 대부분 아이는 "알았어." 하면서 말을 듣는다. 그럴 때마다 아들을 떠올린다. 왜 그때는 그렇게 하지 못했을까.

집으로 돌아가는 길. 손녀는 강아지풀을 뽑으면서 즐거워하고, 덜 자란 강아지풀을 보면 "더 자라게 놔둬야지." 한다. 민들레 씨를 만나면 "후~" 불어 날린다.

"할머니 아기는 언제 온대요?"

"할머니 아기가 누구야?"

"00 아빠 잖아요. 할머니는 할머니 아기를 많이 예뻐했어요?"

나는 머뭇거린다.

'지금의 나라면, 제대로 예뻐했을 거야.'

나는 멋진 거 싫어

보수교육 마지막 날, 강사들의 시연 강의가 이어졌다. 한 강사가 첫 슬라이드를 띄우며 이렇게 말했다.

"우리는 각자 개 犬 두 마리를 키우고 있습니다. 그 두 마리는 무엇입니까."

슬라이드에는 개 두 마리 그림이 있었다. "편견과 선입견입니다."

나 역시 이 두 마리를 오랫동안 키웠다. 수십 년을 산 사람이지만, 이제 다섯 살 된 손녀도 만만치않다. 손녀 탓은 아니다. 더 들여다보면 우리 모두가 만든 관습과 제도의 탓 아닌가.

풍경 하나– 멋진 건 남자?

손녀와 골목길을 걷는데 갑자기 손녀가 말한다. "난 멋진 거 싫어, 난 예쁜 게 좋아" 한다. 좀 전 일이다. 공원에서 손녀가 처음으로 그네에 서서 탈 수 있게 되었다. 그 모습을 보고 내가 "우리 OO 멋지다, 와! 서서 탈 수 있네!" 했다. 잠시후 손녀가 "나는 멋진 거 싫어, 멋진 건 남자들에게 하는 말이야, 나는 여자니까 예쁜 거야" 라고 한다. 나는 "멋진 것도 좋고 예쁜 것도 좋은 거야." 라고 했다.

공원을 나와서 집으로 오면서 손녀는 그 말이 또 생각이 났는지 다시 다짐을 받는다. 지인들에게 이 이야기를 했더니 자기 조카 딸은 '멋지다'라고 했더니 막 울더란다. '멋진 건 남자애들한테 하는 말인데, 나는 여자인데 예쁘다고 하지 않고 멋지다고 했다'는 것 때문이다.

풍경 둘– 여자는 예쁜 걸 좋아해

이날은 하원 후 'OO소'라는 잡화점에 들렸다. 손녀는 이 가게가 제 세상인 양, 키의 반이나 되는 바구니를 팔에 끼고 이리저리 돌아다닌다. 언젠가도 손녀가 매니큐어를 몇 개 집어넣어, 따라 다니면서 슬쩍 뺐었는데 이날도 저 좋아하는 스티커를 몇 장 집어넣고, 매니큐어를 세 개를 바구니에 넣는 것을, 아이 몰래 그것들을 제자리에 갖다 놓았다.

가게에서 나와 한참 걷다가 길가 빌라 계단에 앉더니 매니큐어를 바르겠다고 한다. 내가 그 것을 다시 매장에 갖다 놓았다고 하니, 손녀는 큰 소리로 울기 시작했다. 남편이 우는 손녀와 다시 매장으로 갔다. 할아버지 손을 잡은 손녀는 매니큐어를 한 개 들고도 만족한 얼굴이다.

"엄마가 매니큐어 산 것을 알면 좋아할까, 싫어할까?"

손녀는 야무진 목소리로 외친다.

"엄마는 여자야, 여자는 예쁜 거 좋아해." 한다

풍경 셋-여자가 운전한다고?

긴 장마에 연일 사고 소식이다. 오랜만에 날씨가 개었다. 공원으로 갔다가 돌아오는 길이다. 어떤 여성이 자동차 운전석에 오르는 모습을 보자, 큰 목소리로 자기 생각을 말하는 손녀는 예상대로 한마디 한다.

"저 아줌마는 왜 자동차에 타?"

"저 아주머니가 운전하고 어디 가나 봐."

"여자도 운전해?"

"너도 할머니가 운전하는 차를 탔잖아!"

"그러네?"

"여자는 운전하지 않는다고 누가 그래? 어린이집에서 들었어?" 애매한 어린이집을 들썩거린다.

" 기억이 안 나."

며칠 뒤, 스쿠터를 타고 가는 여성을 보곤 손녀는 "저 아주머니가 오토바이를 타네? 여자가." "여자도 오토바이 탈 수 있지." 라고 하니, "저 아주머니는 아저씨 오토바이를 빌렸을 거 같아" 또 한 방 맞았다.

세상을 산 지 오 년이 안 된 아기가 벌써 자신이 여자이고 여자는 어떻다고 하는 고정관념에 서서히 물들어가고 있다. 어린이집에서 '여자는 예쁜 거, 남자는 멋진 것'을 가르치지는 않았을 것이다. 손녀는 어떻게 그런 말들을 쉽게 할 수있을까.

공원에 가지 않을 때는, 집으로 가진 않고 자동차 안에서 휴대폰으로 영상을 보여달라고 한다. 그 후 '시크릿쥬쥬'에 푹 빠져서 뭐든지 '시크릿쥬쥬'와 비교를 하고 노래하고 모습을 따라 하려고 한다. 가방, 옷, 신, 안에서 노는 손녀는 남편 휴대폰을 달라고 해서는 영상을 본다. 예전엔 '뽀로로', 나이에 맞지 않는 귀신이 나오는 '신비 아파트'에 몰두하다가 오히려 좀 크더니 무섭다고 안 본다. 작은 소품 모두 그 애니메이션 주인공이 들어간 것들뿐이다.

요즘은 동화를 열심히 본다. '백설 공주', '인어공주', '라푼젤', '미녀와 야수' 등등이다. 주체적인 여성 주인공도 나오는 동화도 있지만, 대부분 수동적이고 예쁜 역할, 멋진 왕자님을 기다리는 전통적인 성 역할을 강조하는 장면들이 많다. 옆에서 손녀가 보는 영상들을 보면 한숨이 나온다.

못 보게 할 수도 없다. 영상뿐만 아니라, 알게 모르게 아이는 부모나 자주 만나는 주변 사람들로부터 영향을 받는다. 나 또한 의식하지 못한 채 하얀 도화지에 편견과 선입견의 물감을 떨어뜨리고 있으리라. 그럼에도 손녀는 그런 틀에서 자유로운, 따뜻한 아이였으면 좋겠다.

할머니도 백 점 받고 싶어

2월인데도 영하 10도의 추위가 이어진다. 그래서인지, 아홉 시가 넘으면 카페 안은 앉을 자리를 찾아 두리번거리는 사람들로 가득해 나는 좌불안석이 되곤 한다. 다행히 오늘은 한가롭다. 사선으로 보이는 좌석에 네 살쯤 보이는 아이와 엄마가 앉아 있다.

그 엄마는 아이에게 "리을 써봐, 앉아!" 하고, 아이는 "쓰기 싫어, 사과 먹고 싶어, 딸기 주스 먹고 싶어." 하다가 이제는 사탕을 달라고 한다. "할머니, 엄마, 아빠, 할아버지 써봐, 아니지, 그렇게 쓰면 안 되지, 가만히 있어! 자리에 앉아 봐." 공부 잘하는 아이로 키우고 싶은, 젊은 엄마의 채근이 카페 안을 가득 채우고 있다.

가끔 보는 손녀에게 "어떤 시간이 제일 좋아?", "뭐할 때가 제일 즐거워?"라고 물어보면, 주저 없이 "하교 시간이 제일 좋아." "공부 안 할 때가 제일 즐거워." 한다. 그러면서도 받아쓰기에서 백 점을 맞으면 선물을 요구한다. 당당하고 유쾌하다. 한자능력검정시험에서 좋은 점수로 급수를 땄을 때, 무용대회에서 금상을 받고는 '내가 이런 사람이야.' 하는 표정이었다. 좋은 점수를 받고, 상을 타는 일은 어깨가 절로 펴지고 턱이 자동으로 올라간다. 요즘은 받아쓰기를 하지 않는지, 소식이 없다. 얼마 전에 놀러 온 손녀에게 남편이 "받아쓰기 안 하니?"라고 물으니, 모른척 한다.

지난여름, 처음으로 '호캉스'라는 것을 경험했다. 무더운 여름, 식사 준비 걱정도 없고, 깔끔하고 시원한 호텔에서 보내는 여유가 좋았다. 호텔 주변에 있는 식당에서 저녁을 먹고 공원을 지나며 숙소를 향해 어슬렁거리며 걷는 맛도 괜찮았다. 손녀는 저희 객실과 우리 방을 오락가락하면서, '할머니 집이 이렇게 가까우면 좋겠다.'라는 달달한 말도 한다.

다음 날 아침, 호텔을 나설 때 손녀는 제 부모 따라가지 않고 우리 집에서 자겠다고 한다. 전에는 며칠씩 우리 집에 있었는데, 초등학생이 되어서는 부모와 함께 아니면 우리 집에서 자는 일이 없다. 점심 약속도 있고, 막상 저녁이 되면 집에 가겠다고 하면 데려다줄 일도 부담되었다.

"저녁에 잘 때 엄마 보고 싶어서 울 텐데." 하니 손녀는 절대로 울지 않겠단다.

공원카페에서 시간을 보내다가 약속장소로 이동할 계획이었으나, 손녀가 우리와 남았으니, 카페에서 시간을 보낼 수도 없게 되었다. 공원 수로에 놀이 배들이 떠다니는 게 보였다. 배를 타기로 했다. 안전 조끼를 입고 배에 앉아 물 위를 떠다니며, 손녀는 핸들을 조작하면서 흐뭇한 표정을 지었다.

오랫동안 놀았어도 아쉬운가, 손녀는 지난해 갔었던 물놀이공원으로 가자고 한다. 검색하니 동네 물놀이공원이 있다. 그늘막에는 아이를 지켜보는 어른들로 우리가 들어서 있을 틈이 없다. 물놀이하는 아이들의 소리가 하늘을 찌른다. 손녀도 뙤약볕에서 나름 창의적으로 놀거리를 찾아 잘 놀고 있다. 우리는 손녀를 지켜보느라 땀을 흘리며 벌을 섰다.

더 놀고 싶어 하는 손녀와 집으로 왔다. 저녁식사 후 스마트폰을 보는 손녀에게 "엄마가 '윙크'(태블릿 피시로 하는 학습지) 하라고 했잖아."라고 말하니, 아이의 표정이 급작스레 굳는다.

설거지하는데 물소리 사이로, 꺼이꺼이 우는 소리가 들려

온다. 지 엄마와 통화하면서 "앙~ 엄마, 보고 싶어!" 그냥 놀게 둘 것을, 공연히 학습지를 하라고 했나보다. 그렇지 않아도 어두워지니 엄마가 보고 싶기도 하고 집이 그립지만 참고 있었을 것인데, 할머니가 잘 건드렸다.

"지금 집에 갈까."라고 물으니, 손녀는 흐느끼면서 머리를 흔든다. "내일 할아버지 병원 갈 때 데려다줄게." 하니, 고개를 끄덕인다. 엄마와 통화를 마친 후, 울음이 덜 가신 목소리로 "엄마가 '윙크' 하지 말고 놀래요." 한다. (다음 날 아침, 손녀는 '어제 갔던 공원에 또 가요. 오늘은 뭐 하고 놀까?'라고 한다. 저녁에도 자고 간다는 손녀를 달래서 제집으로 데려다주었다.)

해야 하는 일은 하기 싫어도, 백 점이 좋은 손녀처럼 나도 백 점을 받고 싶다. 요양보호사 자격증을 따기 위해 한 겨울 내내 240시간의 교육을 받고 시험을 치렀다. 욕심은 한 개도 틀리고 싶지 않았지만, 두 문항이 애매했다. 결과는 98점. 충분히 합격이지만, 백 점이 아니어서 아쉬웠다. 나이가 들어도 백 점은 좋다.

이번에는 정말 백 점을 목표로 할 일이 생겼다. 남편은 큰 수술 후 운전대를 놓았다. 반면 나는 어떤 상황에서도 운전을 해야만 하는데, 자동차보험의 피보험자는 여전히 남편이다. 이제는 내 명의를 바꿔야 한다.

자동차보험 만기일 전에 담당자에게 자동차보험 피보험자 변경을 요청했다. 담당자가 내 이름으로 보험료를 계산했는데, 운전 경력은 오래지만, 첫 가입이고 사고 이력이 있어서 예상보다 보험료가 높았다.

담당자는 일 년 동안 무사고이면 백만 원가량 할인되고, 500㎞ 운행 중 안전운전점수가 95점 이상일 경우 보험료의 약 20%를 현금으로 돌려준다고 했다.

일 년 동안의 무사고는 나중 일이다. 우선 500㎞ 미션을 성공해야겠다. 하지만 나는 95점이 아닌, 백 점을 목표로 안전운전에 신경 썼다. 매일 집에 도착하며 자동차에서 내리기 전에 앱을 열어 점수를 확인했다. 지금까지는 100점이다. 500㎞ 주행이 끝나고 결과가 100점이라면, 손녀에게 톡을 보내야겠다.

"OO야! 할머니도 백 점 맞았다. 이번엔 OO이가 선물을 줘야겠지?"

카페에서

텀블러만 들고 집을 나섰다. 병원에서 차를 돌리면 평소엔 4㎞ 떨어진 카페로 가는데, 오늘 아침은 병원 근처의 조용한 카페가 문득 떠올랐다. 토요일인지라 갓길에 주차도 가능하겠다 싶었다. 요행을 바라면서 적당한 자리에 주차하고 카페 안으로 들어섰다. 평화롭고 한적하다.

카페에서 '카공족'처럼 온종일 자리를 차지하는 것도 아니고, 인터넷 기사 사진에서 보듯 프린터기를 설치하고 일하는 것이 아님에도, 나의 카페 순례기를 듣던 지인은 '그렇게 오래 앉아 있으면 민폐지.' 한다. 그 말에 서운하지만, 신경이 쓰이기는 해서, 가능한 카페보다 도서관을 이용하려고 한다.

그래도 가끔은 카페의 수런거림과 달각거림이 듣고 싶어지기도 한다. 엿듣지 않아도 들리는 그런 남의 삶도 궁금하다. 오늘이 그렇다.

  이른 아침엔 빈자리가 많아서 마음이 편하지만, 열 시쯤 돼가면 차와 간식이 담긴 쟁반을 든 이들이 빈자리를 찾아다니는 모습에 나도 덩달아 빈자리가 있는지 그들의 시선을 따라 이리저리 둘러보게 된다.

  카페 대부분은 주말이면 붐비기 마련인데, 여기는 오히려 평일보다 한가하다. 평화롭기까지 한 2층, 마음에 드는 자리에 차와 샌드위치를 내려놓았다. 양옆에 벽으로 막혀있어 아늑한 자리다. 앞으로 토요일마다 이 자리에서 글을 써야겠다는 야무진 생각 했다. 이 층엔 나와 외국인 한 사람뿐이다.

  한 시간 지났을까, 젊은 여성이 어린아이와 함께 올라왔다. 주스와 아이스커피, 간식이 담긴 쟁반을 들고 무겁다라면서 자리를 찾는다. 나는 다시 책 내용을 따라가고 있다. 아이의 목소리가 들렸다. 영어를 읽고 있다. 귀여운 발음에 절로 내 귀가 쫓아갔다. 책을 읽다도, 아이의 목소리에 귀 기울이다가를 반복했다.

아이 엄마의 목소리가 들린다. 처음에는 상냥한 목소리였는데 시간이 지날수록 신경질적인 짜증이 점점 시간과 비례하고 있었다. 꼬마의 집중력이 흐트러지기 시작했나 보다. 어른인 나도 이삼십 분 집중하기 어렵다. 저 작은 아이가 벌써 한 시간 가까이 공부를 하고 있다니 대견하면서도 안쓰럽다.

고개를 빼고 소리 나는 방향을 보았다. 아이의 얼굴은 보이지 않고, 엄마의 뒷모습만 보였다. 아이가 틀리게 읽는지, 엄마는 싸늘한 말투로 다시 읽으라고 한다. 아이는 더듬거리다가 엄마의 다그침에 아이는 쉬고 싶은 마음은 포기한 듯, 기계처럼 읽는 소리가 가지런해졌다.

언젠가 TV에서 봤던 어린 남매가 등장하는 예능 프로그램이 생각난다. 외국 시장에서 남매는 영어로 의사소통을 하면서 물건을 샀다. 그 장면을 보는 한국의 많은 학부모는 '내 아이도 저랬으면 하지않았을까. 그러니 요즘 젊은 엄마들이 카페에서 영어 학습지를 펼치고 아이를 공부시키는 것을 자주 보게 되는 것 아닐까. 또한 00동 '7세 고시' 이야기도 사라지지 않는 이유이기도 하다. 능력자들은 자녀가 어릴 때 영어권에서 한동안 살다 온다. 그 박탈감도 만만치 않으리라.

친구들과 자유롭게 뛰어놀아야 하는 시기에 좁은 공간에서 영어 학습을 하느라 놓치는 것들이 얼마나 많을까. 그렇게 달리는 인생의 종착지는 어디쯤인가. 자신을 내던지는 그들이 안쓰럽다. 그렇게 보내지 않은 아이는 원하는 미래를 얻지 못할까. 인생은 예측할 수 없다.

노트북을 접어 가방에 넣었다. 주변을 정리하고 쟁반을 들고 일어섰다. 젊은 그들은 계획하는 대로 살 것이고, 나는 지금 여기에서 이 순간을 살아야 한다. 목을 좌우로 움직여 보고 어깨를 편다. 카페 문을 여니, 나뭇잎 사이로 반짝이는 햇살이 어른거린다.

– (『수필과비평작가회의』제31호 동인지 원고 2025.06.24)

육아 일기

1. 사랑에 눈이 멀다

아들 가족과 서래 마을에 있는 브런치 카페에서 아침 식사하기로 했다. 식당 앞에는 주차 공간이 없어서 공영 주차장에 주차하려고 갔다. 주차하고 있는데 손녀가 나를 부르는 소리가 들린다. 아들 네도 이곳에 막 주차하고 나온 참이었다. 나와 손녀의 목소리가 골목을 채운다. 아들이 좀 조용히 하라고 한다.

식당에 자리를 잡고, 낯선 음식 이름, 세퍼드 파이, 투나라이스 메이키드, svp 샌드위치, 햄치즈샌드위치, 그리고 음료를 주문해서 먹었다. 손녀도 잘 먹고, 수프가 짠 것 빼고는 다 맛있다.

손녀는 식사를 다 하더니 내 휴대폰에 있는 인터넷 쇼핑몰을 켜더니 자기가 가지고 싶은 것을 보여준다. 여러 가지 색의 슬라임이다. 그것을 보던 아들이 자기 스마트폰으로 주문을 한다. 손녀는 자기 아빠가 주문한 슬라임이 성에 안 차는지 내게 예쁜 색들을 더 사라고 한다.

　손녀를 화장실에 데려다주었다. 화장실 앞에서 손녀는 자기가 원하는 슬라임을 주문해 달란다. 식탁에 스마트폰을 두고 왔다는 내 말에 손녀는 식당으로 가면, 슬라임 그림을 보는 척하고 주문하면 된단다. 이런.

　우리를 만나는 날은 며느리가 할머니·할아버지에게 사달라고 하지 말라고 손녀에게 심각하게 주의를 주는 가보다. 엄마 말도 들어야 하고 갖고 싶은 것은 가져야 하는 손녀는 나름 머리를 쓴다. 내게 스마트폰 쇼핑몰에서 그림만 보는 것처럼 하고 주문하라고 한다. 며느리 몰래 사달다고 하는 손녀의 행동을 수정해줘야 하는 할머니가 그것마저도 예뻐 보이니, 사랑에 눈이 멀고 말았다고 할 밖에.

2. 손녀의 따뜻한 마음

　손녀가 어린이집 놀이터에서 놀고 있는데 같은 반 아이와 엄마가 왔다. 일부만 등원했는데 이제 코로나 전염병이 잠잠해지기 시작하니 정상 운영하기로 해서 면담차 온 것이다. 두 아이는 서로 손을 맞잡고 팔짝팔짝 뛰면서 빙글빙글 돈다. 손녀는 "00야! 너 보고 싶었어." 아낌없는 애정을 퍼붓는다.

그 아이가 가고 손녀는 좀 더 놀더니 차에서 놀고 싶다고 한다. 자동차 뒷자리에 앉자마자 신과 양말까지 벗어버리고 군것질하면서 책을 본다. 그러더니 내 가방에 안의 것을 본다. 내 지갑에 있는 아들 사진을 보더니

"아빠잖아? 왜 할머니가 아빠 사진을 가지고 있어?"

"할머니 아기니까."

손녀는 갑자기 눈물을 글썽이면서

"나는 할머니 아기 아냐?" 한다.

"00는 엄마와 아빠의 아기지."

집에 도착했는데 뭔가 불편하기 시작했다. 손녀에게 "00도 할머니의 예쁜 아기지"라고 해야 했는데.

다음날 나는 손녀를 보자마자 비밀이 있다며 "할머니는 아빠보다 주아를 최고로 좋아해. 비밀이야." 했다. 손녀는 어깨춤을 춘다. "할머니, 정말 아빠가 할머니 아기야?" 또 묻는다. 자기 아빠가 할머니 아기라는 게 신기한가 보다.

어린이집을 나와 걷는데 "별님 반 선생님이잖아?" 하며 손녀는 붙잡을 새도 없이 길을 건너가서 그 선생에게 안긴다. 아이들 하원 지도 하는 선생은 차가 다니는 길이니 위험하다고 주의를 시키면서도 손녀를 안고 토닥인다. 내 손을 잡고 걷던 손녀는 "나는 별님 반 선생님이 제일 좋아." 한다.

"그래? 별님 반 선생님 좋아하는 이유 두 가지 말해봐."

"첫 번째, 선생님이 예뻐서 좋아."

"두 번째는 나를 잘 재워줘."

그렇구나, 그래서 별님 반 선생님이 좋구나

몇 걸음 걷더니

"또 있어."

"뭔데?"

"별님반 선생님은~."

3. 놀이감을 찾아라

손녀는 집으로 들어서자마자 가방을 던지고 침대에 달린 테블릿을 켠다. 누워서 애착이불 깃을 입에 넣고 영상을 본다. 며칠 동안 손녀가 그러는 것을 보니 걱정스러웠다. 예뻐

하는 것도 중요하지만 아이에게 좋은 습관을 갖게 하는 것도 육아에 포함되어있지 않은가.

　오늘은 뒤따라 들어오는 손녀가 보기 전에 테블릿을 침대 밑에 숨겼다. "어! 내 텔레비전(테블릿)이 어디갔지?"한다. "모르겠어. 어디있을까." 다행히 더 찾지 않는다. 청소하자, 찐 고구마를 썰어보자, 빨래하자 하면서 아이를 바쁘게 만들었다. 주방에서 거품주방세제를 한통 다 쓰도록 놀게 했다.

　요리한다고 한다. 밥그릇에 요플레를 쏟더니 물을 부어 섞는다. 먹지 않아 요플레만 버렸다. 또 만든다고 한다. 아까 요플레를 버렸으니까 안 된다고 하니, 이번엔 꼭 먹을 거라고 해서 놔뒀다. 결국 자기가 만든 요플레 요리를 한 숟갈 먹더니 숟갈을 놓는다. 약속을 지키라고 하니 고개를 흔든다.

　이것저것 만져보고, 이거 사고 싶어, 저거 갖고 싶어, 보는 대로 갖고 싶어하는 아기들의 심리를 이용한 장난감이 유혹한다. 꼬마에게 화장품이 웬 말인가. 어린이 메이크업 가방을 보더니 사달라고 한다. 처음에는 바구니에 담는 것을 다

사주었다. 하지만 이제는 아이의 습관을 위해 미리 약속한다. "오늘은 한가지만이야." 한다. 약속한 것보다 한두 가지 추가되긴 하지만 마구 담던 버릇은 없어졌다.

공원에서 노는 손녀를 데리고 가야 하는데 조금만 더 놀겠다며 따라올 생각이 없다. 때로는 "할머니 혼자 간다!"라며 협박을 하기도 한다. 그렇게 아이와 하루를 보내면서 나는 나뭇잎이 되기도 하고 민들레가 되기도 한다.

"민들레야, 내 집은 백조 아트빌 오 층이야. 집에 가서 너를 잘 돌봐줄게."

민들레가 된 나는

"고마워, ○○ 공주."

손녀의 옷을 사는 재미도 있다. 재킷, 티셔츠, 바지 등을 내 마음대로 사서는 입혀 본다.

봄볕은 따뜻하지만 바람은 차다. 어스름 저녁이 된다. 요즘은 엄마 아빠를 집 앞에서 만나는 순간이 좋아서 손녀는 집으로 가지 않고 아빠를 기다리느라 주차장에 있는 자동차 안에서 논다. 손녀에게 '말놀이 동시'를 읽어 준다.

제목 사과

내가 니 사과를 먹었어. 사과할게.

– 말놀이 동시집에 있는 글

"○○야, 사과가 뭐야?"
"사과? 미안하다는 거."
산뜻하다.

집으로 가지 않고 퇴근하는 아빠를 기다리던 손녀는 아빠
가 보이니까 두 팔을 벌리며 달려간다. 저렇게도 좋을까. 아
들 집으로 올라가 잠시 쉰다. 우리가 집으로 갈 즈음 손녀는
가끔 내 가방을 뒤적인다. 아마도 자기에게 줄 뭔가를 남겼
는가 해서 이리라.
"왜 할머니 가방을 뒤적거려.?"
"뒤지는 게 아니고, 그냥 보는 거야."
"뒤지는 것과 보는 것 뭐가 달라?"
"뒤지는 거는 막 뒤지는 거고, 보는 거는 그냥 보는 거야."
어처구니는 없지만 내 눈에 하트가 튀어나온다.

"완벽하게 이해할 순 없지만 완벽하게 사랑할 수는 있지"
영화 〈흐르는 강물처럼〉의 대사가 마음에 와닿는 순간이다.

4. 할머니, 이제 나를 사랑 안 해?

다시 여름이 오나 했다. 더웠다. 일곱 살인 손녀는 올 때마다 요구사항이 다르다. 이번에는 거실에 텐트를 쳐달라고 한다. 요즘 텐트는 설치하기는 쉽다. 텐트를 치고 나니, 바닥을 '푹신하게' 해달란다. 무거운 이불 두 채를 힘들게 끌어내려서 깔았다. 손녀는 안으로 들어가서 눕더니 "푹시인하다!" 한다.

말을 하기 시작하면서 손녀는 테블릿을 손에서 놓지 않더니 요즘은 아들이 쓰던 휴대폰으로 보고 있다. 테블릿보다 더 가볍고 간편하니 더 오래 들고 있는 듯하다. 아기 때부터 애니메이션 '신비아파트'에 나오는 귀신의 족보를 꿰고 있다. 어린이집 선생님이 손녀에게 그런 건 초등학생 때부터 보는 거라고 보지 말라고 했다고 한다.

어제는 아들 집으로 손녀를 데려다주는데, 뒷좌석에 같이 있는 할아버지에게 퀴즈 게임을 하자고 한다. 들어보니 '신비아파트'에 나오는 귀신 이름을 맞추는 것이다. 그러니 할아버지가 답을 맞히지 못하는 게 당연하다. 손녀는 자기가 이겼다고 좋아한다.

손녀가 스마트폰을 오래 들여다보고 있으면 "그만 봐. 눈 나빠져.", "과자를 많이 먹고 있으면 '시크릿쥬쥬'처럼 되고 싶다며? 과자를 많이 먹으면 되겠어?" 등등 자주 손녀가 듣고 싶지 않은 말을 하게 된다

어제 아침 식사준비를 하는데 손녀가 먹을 만한 반찬인 '베이컨', '소시지', '달걀부침', 계란찜, 샐러드를 해놓고 밥만 푸면 되었다. 그런데 손녀는 배가 고프다면서 라면을 끓여달라고 한다. '조금 매운' 라면이라고 꼭 집어 말한다. 안 된다고 말하고 싶다. 덜 해로울까 싶어서 채식 라면에 매운 라면 스프를 조금 넣고 끓여주었다.

자기가 먹던 매운 라면 맛이 아니어선가, 이상하다면서 남긴다. 텐트로 들어가 누운채 스마트폰을 들여다본다. 그것을 본 남편은 "먹고 바고 누우면 꼬리가 나와." 했다. 손녀는 "할아버지 그런 소문 어디서 들으셨어요?" 한다. 손녀의 대꾸에 웃음이 비실비실 새어나왔다. 그래도 할아버지 말이 약효가 있었는지 손녀는 텐트에서 나와 바람 빠진 풍선 인형처럼 의자에 앉았다.

"할머니! 이제 나 사랑 안 해?"

"사랑하지."

"그런데 왜 자꾸 나한테 뭐라고 말해?"

이럴 수도 없고 저럴 수도 없다.

일곱 살이 되면 생활 습관이 굳어지는데 좋은 버릇이 몸에 익숙해져야 하는데 안타깝다. 손녀가 예쁘지만, 영상에 많이 노출되고 스낵을 많이 먹는 손녀가 걱정된 나머지 만나자마자 지적을 하니 할머니가 자기를 사랑하지 않는다고 생각할 수도 있겠다.

내 마음을 손녀가 알아주고, 먹거리도 건강한 것으로 먹고, 스마트폰 보는 시간도 줄었으면 좋겠다. 올해 기도 제목은 "손녀가 건강하고 총명하고 지혜로운 어린이로 자라기를."

5. 협상의 달인

하원시켜 나오면 편의점으로 가는 것이 순서다. 아이는 건강에 도움이 되지 않을 듯한 초콜릿, 사탕 등을 집는다. 아이가 유혹하는 여러 가지 모양, 먹는 방법도 각각 다른 사탕들이 왜 이리 많은지 절로 고개가 도리질한다. 이게 아닌데 하면서도 사주고 만다, 아이와 밀고 당기는 일이 어렵다.

　방법을 바꾸어서 단것을 덜 먹게 하려고 집에서 미리 과자 등을 조금 가져간다. 편의점으로 가려는 아이에게 주었더니 그다음부터는 우리에게 "할아버지, 오늘은 뭐 가져 왔어요." 라고 묻는다. 저녁에 헤어질 때는 "내일도 ○○쮸 가져오세요."라며 조그만 손을 쫙 펴서 "다섯 개요." 라고 한다. 내가 "세 개" 하면 손가락 하나 접으면서 "네 개" 한다. 협상이 본인에게도 유리한 걸 안다.

　날이 갈수록 원하는 것이 더 늘어난다. ○○소에 가면 그 화려하게 진열된 물건들을 보면서 좋아서 어쩔 줄 모른다. 장난감 분홍색 메이크업 가방, 분홍색 솔 빗, 매니큐어를 사겠다고 한다. 다섯 살 아이가 화장에 관심을 보이다니. 스티커북의 종류가 왜 그리도 많은지. 햇빛 때문에 눈이 부셔서 선글라스도 사겠단다. 못 사게 할까 봐 나름의 이유를 붙이는 것도 입꼬리가 절로 올라간다. 내가 가져온 간식은 간식대로 챙기고, 잡화점으로 출석하여 이것저것 만지면서 우리 집에는 이런 거 없는데, 이거 갖고 싶은데, 이거 먹고 싶은데 한다.

6. 소비자의 권리

아이와 시간을 잘 보내려면 놀 거리를 잘 쟁여 두어야 한다. 친구들이 손주들과 키즈카페에 가서 두어 시간 보낸다고 하는 이야기를 들은 후, 손녀를 데리고 종종 몇 시간 보내면서 식사도 하며 세 시간 정도 보낸다. 그사이 젊은이들은 쉴 수 있다. 손녀는 효녀이기도 하다.

그 날도 손녀는 우리보고 키즈카페에 가자고 한다. 손녀와 가는 놀이시설은 도서관 부근에 있는 '헬로 키즈'와 도화동에 있는 '와글아이'다. 손녀는 자기 기분에 따라 어느 날은 '도서관 키즈카페'로 가자, 어느 날은 '노란색 키즈카페'로 가자고 한다.

이번에는 노란색 키즈카페로 갔다. 우리는 빈 테이블에 앉아 차를 마시고, 손녀는 각종 놀이기구를 다니면서 논다. 종류가 여러 가지인지라 다 기억할 수도 없다. 이런저런 기구에서 놀다가 아이는 배고프다고 한다.

키즈카페를 나와 부근 식당을 갔다. 국수와 어린이 돈까쓰를 주문했다. 잠시 후 주문한 음식이 테이블에 차려졌다. 손녀는 자기에게 놓인 식판을 보더니 "저번에는 튀김이 두 개였는데, 오늘은 왜 하나지?" 한다. 우리는 기억에 없지만 두어 달 전에도 이 식당에서 같은 음식을 먹었나보다.

손녀는 "가서 물어봐야지." 하며, 통통거리면서 직원에게로 간다. 꼬마가 그에게 뭐라고 이야기하는 것이 보인다. 잠시 후 직원이 우리 식탁으로 왔다. 전에는 두 개 준 것이 맞는데, 물가가 올랐지만, 가격은 올릴 수 없어 튀김을 하나로 줄였단다. 그래도 오늘은 예전과 같이 하나 더 주겠다고 하나 더 가져왔다.

이런, 할머니도 못하는 것을 너는 벌써 해내는구나.

그런데 손녀도 조금 나이를 먹더니 자기 권리찾기가 귀찮아졌나보다. 호수가 있는 동네에서 식사하고 호수 주변을 걷고 있었다. 아들과 며느리는 저만치 앞서서 걷고 있다. 손녀와 우리는 그들 뒤에서 한참 뒤처져 걷고 있었다. 손녀가 갑자기 화장실 가고 싶단다. '어떻게 해야 하나' 하는데 손녀가 "카페 화장실 가면 되잖아." 이때 카페는 아이들 놀이방이 아니다. 할머니는 커피 마시고 나는 아이스크림을 먹으면 된단다.

손녀의 다급한 문제를 해결하고 테이블에 앉았다. 커피와 아이스크림이 나왔다. 아이스크림에는 초코과자가 꽂아져있다. 몇 숟갈 먹더니 "저 그림에는 초코쿠키가 두 개인데, 왜 내 아이스크림에는 한 개지?" 한다. 나는 그럼 주인에게 물어보라고 했다. 손녀는 잠시 생각하는 듯 하더니 "에이, 그냥 한 개만 먹을래. 가서 휴지나 가져와야지." 한다. 다섯 살 때 튀김 한 개 더 찾아 먹은 일을 이야기했지만, 안 한다고 한다.

소비자 권리 찾기가 벌써 시들해졌구나. 내가 못하는 권리 찾기를 자연스럽게 하는 손녀가 대견스럽건만. 그래 손녀야 정말 중요한 권리 찾기를 잘 하면 된단다.

아들네가 놀러왔을 때다. 지나간 이 이야기를 하게 되었다. 아들은 그 카페가 과대광고를 했네 한다. 문제 삼으면 문제가 된단다. 아이스크림 그림에 과자가 두 개 있었으면 손님에게 두 개를 꽂아 줘야 하는 게 맞다고 한다. 소비자 권리 찾기 쉽지 않아요.

7. 받기만 하면 되나요

하원 후 잡화점으로 가는 것이 습관이 된 손녀는 갖고 싶은 물건을 바구니에 담았고, 남편은 계산해 주었다. 가끔 우리 집에 오는 손녀는 남편 손을 잡는다. 조손(祖孫)이 나갔다가 오면 터질 듯한 비닐봉지에 문방구의 알록달록한 상품 가득하다.

문방구라고 해서 물건값 쌀 것 같지만 아니다. 몇만 원 훌쩍 넘는 게 예사다. 언젠가부터 남편이 손녀 걸음을 따라갈 수 없게 되었다. 그후 손녀는 내게 나가자고 했다. 나와 같이 가도 마찬가지다. 문방구에 들어서면 주인에게 손녀는 아주 신나는 목소리로 "안녕하세요"하고는, 문방구 바구니에 이것저것 넣는다. 몇 번 아이가 담던 것을 하는 수 없이 다 계산했다.

그러나 손녀의 올바른 소비 습관을 할머니가 망치면 되겠나. 손녀에게 몇 가지만 사라고 한다. 물론 두 가지면 세 가지가 되고 네 가지가 되기도 하지만 할아버지와 달리 나는 손녀에게 제동을 건다. 문방구 주인은 그러는 내게 "할아버지는 손녀가 담는 것 다 사주시던데."

문방구를 들린 후, 손녀는 길 건너에 있는 서점으로 가서 구경만 하자고 한다. 하지만 손녀는 뭐가 있는지 보기만 해도 할머니가 사주려니 한다. 아이스크림 가게나 카페에서 좋아하는 음료를 마시면서 문방구에서 산 물건들을 풀어놓고 가지고 놀다가 이제 놀이터에서 조금만 놀겠단다.

해가 바뀌고 좀 더 자란 손녀는 한 달에 한 번, 카카오톡으로 이모티콘을 선물을 요구한다. 한 개에 이천오백 원으로 부담스럽지 않은 가격이다. 그러던 것이 어느 틈에 두 개를 보내 달라고 하다가 슬그머니 서너 개의 이모티콘을 카카오톡에 올린다.

이모티콘 선물이 다른 품목으로 변경되었다. 쇼핑몰에 자기가 가지고 싶은 상품을 캡쳐해서 보낸다. 가루로 초밥이나 햄버거 등을 만드는 요리쿡, 화장품 가방, 매니큐어 셋, 포스트잇 모음, 머리핀 세트, 종이비누 등등. 아무튼, 갖고 싶은 것들을 올리면 나는 쇼핑몰 사이트로 들어가서 손녀가 받고 싶은 것을 손녀 집으로 보내곤 했다.

엄마가 자기 옷을 다 버렸다면서 자기가 입고 싶은 옷이나 구두 사진을 톡방에 올리기도 한다. 어제는 세계 건축물 3D 미니어쳐 모형 DIY를 카톡에 올렸다. 손녀가 아니면 이 세상에 존재한다는 것도 몰랐을 상품들을 손녀는 내게 계속 알려준다.

그러다 보니 한 달에 한 번 사주기로 약속을 했지만 나도 모르게 두세 번이나 선물할 때도 있다. 비용도 비용이지만 손녀에게 잘못된 습관을 조장하는 듯해서 걱정스러웠다. 마음은 사달라는 것 다 사주고 손녀가 좋아하는 모습을 보고 싶지만, 약속을 잘 지키고 절제를 하는 것도 중요하다. 나는 단호하게 한 달에 한 번만 선물을 주겠다고 했다. 손녀도 성장했는지, 학기 초와 달라졌다.

어느 날 손녀가 내 톡에 편의점에서 교환할 수 있는 과자와 음료수 쿠폰을 보냈다.

"네가 쓰지, 할머니에게 선물을 보냈어?"

"할머니께 받기만 했으니까 저도 할머니께 드려야지요. 받기만 하면 되나요."

4부

내비게이션

신호가 바뀌었다. 아이 사진이 있는 현수막이 눈에 들어온다. '딸을 찾습니다'라는 광고 현수막이다. 현수막 끝단에 '발견자 제보처 경찰청실종아동찾기센터, 국번없이 182' 등이 함께 적혀 있다. 저 아이의 부모 마음이 어떨지 감히 말하기 어렵다.

"우리 아이 여기 안 왔어요?"
수업이 끝난 후였다. 울먹이며 도서관 강의실로 뛰어든 엄마는, 오늘 도서관 주부 독서회 2학기 첫 수업에 참여한 수강생이다. 수강생 옆에 있는 아이는 수업 시간 내내 바스락거리며 엄마에게 자기의 존재를 일깨웠다. 왜 그러지 않겠는

가. 만 세 살이 채 안 되어 보이던 아이인데. 진행하면서도 저 정도면 얌전한 아기라고 생각을 했다. 후에 들으니 그 아이는 삼십일 개월이 되었다고 한다.

수강생 대부분 자녀가 초등학교 저학년 자녀를 둔 엄마인지라, 수업은 정오가 되기 전에 끝내려고 한다. 조금이라도 늦어지면 분위기가 산만해지기 때문이다. 오늘은 발표가 길어지는 바람에 열두 시를 살짝 넘기고 말았다. 수업이 끝나자 엄마들은 거의 뛰다시피 출구로 향했다.

몇몇 수강생들과 자리를 원상 복구하며 정리를 하고 있을 때였다. 아이 엄마가 다시 들어왔다. 아이를 아직 찾지 못했다며 울먹이고 있었다. 조금 전에도 그 아기 목소리가 들렸는데 어찌 된 일인가. 남아있던 이들은 도서관 각 방을 가서 살펴보았다. 건물 안에는 아이가 없는 듯했다. 입구 안내대에선 아이가 나가는 것을 보질 못했다고 한다. 그녀는 "아이를 누가 데려 갔을까" 하면서 "어떻게 해, 어떻게 해" 울먹인다. 도서관 옆에 있는 공원도 몇몇 회원이 뛰어간다. 난 더 찾아보고 안 되면 일단 경찰서에 신고하자고 했다.

같이 있던 ㅎ은 아이 엄마에게 '집이 도서관에서 거리가 얼마나 되는지' 묻는다. 아이 엄마에게 집에 가보라고 한다. 아이 엄마는 아이가 혼자 집에 갔을 가능성은 없다고 한다. 이

차 도로 이긴 하지만 어린아이가 그 큰길을 건너서 집에 갔을까. 나도 현실성이 없어 보였다. ㅎ은 "아이들은 모르는 일이니 집에 가서 확인을 해봐."라고 다시 말한다. 그녀는 집으로 뛰어간다. 제발 아이가 집에 갔으면 하는 바람으로 같이 있던 이들이 도서관 정문을 떠나지 못했다.

아이 엄마가 집에 도착할 시간이 된 듯해서 전화했다. 그녀는 "전화드리려고 했었어요."라고 말했다. 아기가 집 앞 계단에 앉아 있었단다. 한 번도 혼자 집을 찾아간 적이 없는 아이가 어떻게 그 길을 건너갔는지 알 수 없지만 무사하다는 사실로 우리는 안도의 숨을 내쉬었다. 만약 아이가 사라졌다면, 아니 찾았다고 해도 지난한 과정을 거쳐야 했다면 그 부모의 마음은 어땠을까. 그리고 수업을 진행한 나의 마음도. 상상하기 싫다.

사실은 그런 와중에 내가 진행하는 수업 참가자에게 생각하고 싶지 않은 일이 일어났다면, 나에게도 책임이 있을까. 경찰서에 가서 조서를 쓰고 심문을 받겠지. 일단 아이를 찾지 못한다면 내 일상이 무너질지도 모른다.

아들이 네 살 무렵이었다. 직장을 쉬고 잠시 친정으로 이사를 했다. 네 살 남자아이답게 오래된 골목을 휘젓고 다니며 말썽을 피우고 씩씩하게 놀았다. 어느 날은 동네 구멍가게

(그때는 그렇게 불렀다) 앞에 펼쳐놓은 두부를 막대기로 꾹 꾹 찔러댄 일이 있었다. 그 두부를 들고 온 주인아저씨에게 사과하며 두부값은 변상했다. 아들이 구멍을 낸 그 두부를 어떻게 처리했는지는 모르겠다.

집집마다 대문 앞에 연탄재를 줄 맞춰 놓았던 시절이었다. 골목에서 아이는 또래들과 연탄재를 깨뜨리며 쓰러뜨려 골 목길을 엉망으로 만들기도 했다. 널려있는 연탄재 덩어리들 을 치우느라 그때 나는 허리 꽤나 아팠을 것이다.

아이가 보이지 않았다. 골목 이곳저곳을 돌아다니며 이름 을 불렀지만, 대답이 없었다. 순간 끔찍한 생각이 마구 올라 왔다 곤두박질친다. 시간은 무심하게 지나갔다. 몇 시간쯤 지났을까, 이제 신고해야 하지 않을까, 하는 순간 저만치서 윗집 아이와 아들이 나타났다. 꼬마들 얼굴은 먼지와 땀으로 얼룩덜룩했다.

놀란 만큼 아들에게 마구 소리를 질렀다. 제 엄마 기세에 멍하니 있던 아들은 엉뚱한 이야기를 한다. 꼬마에게 화를 낸 일이 창피하기도 했지만, 웃음이 나온다.

"와~ 내 생전에 그런 건 처음 봤어." 한다. 뭘 처음 봤다는 건지. 이런저런 상황을 종합해보니 꼬마 둘이 골목에서 놀다가 마냥 걸어서 창경궁까지 갔다. 정말 가슴을 쓸어내리는 일은 비원 방향으로 내려가질 않고 다시 돌아섰다는 일이다. 몇십 년이 지난 지금도 너무 신기하다. 그 아이들은 오다가 성균관대학교 학생들의 데모가 거의 끝나가는 상황을 본 것이다. 아이들이 별 일없이 돌아와서 '다행이다, 다행이다'를 감사기도처럼 중얼거렸다.

지금도 가끔 모이면 아이를 잃어버릴 뻔한 끔찍한 상황은 바래지고, 창경궁까지 갔다가 성균관대학교 학생들 데모를 목격했던 것만 전설처럼 이야기한다. 다른 이야기였으면 '또 한 번만 들으면 백 번째 듣는 거야.'라고 아들은 한마디 했을 텐데, 자기 이야기라도 사십 개월 정도 된 아이가 멀리까지 갔다가 별일 없이 집으로 돌아왔다는 그 사실을 기적이라고, 고마운 일이라고 생각하는지, 싫증 내지 않고 듣는다.

오늘, 수업 중 사라졌던 아기 엄마도 마찬가지일 것이다. 지푸라기 잡는 마음으로 혹시나 하고 집으로 가봤을 텐데, 아기가 집에 있었으니 신기하고 놀라웠으리라. 그들 부부도 몇십 년이 지나도록 가끔을 쓸어내린 그 날을 잊지 못하리라. 잃어버렸을까 봐 가슴 졸이게 한 아기가 기적처럼 집에 와있었다는, 믿을 수 없는 일을 잊을 만하면 이야기하고 또 이야기하겠지.

옵션으로 내비게이션을 장착한 채로 태어나는 아기들도 많
은 것 같다.

삼추여일각三秋如一刻

시간은 시간일 뿐이지만 누구에게나 같지는 않다. 같은 시간을 '느리게', '빠르게' 느낄 뿐이다. 재미있는 드라마를 볼 때 60초 후라는 자막이 뜬다. 그 때 60초는 무척 길다. 친구와 함께 있다가 보면 몇 시간이 순식간에 지나가지만, 회의나 워크숍에서는 몇 시간이 지났다고 생각하고 시계를 보면 사실 일이십 분 지났을 뿐이다.

초인종이 울린다. 바로 연이어서 또 울린다. 짜증이 나려는 순간, 어제 우체국 발송 안내문을 받은 게 생각났다. 주방에 있던 나는 남편에게 문을 열어보라고 부탁하면서 '나가요' 소리쳤다. 남편도 '잠깐만요' 하는 말과 신을 신는 소리 현관

문 여는 소리가 들린다. 잠시 후 남편은 "아무도 없는데?" 한
다

혹시나 해서 어제 현관에 붙어있던 우체국 택배 알림 쪽지
에 있는 번호로 전화를 했다. "방금 00호에 초인종 누르셨나
요?" 물으니 그렇단다. "초인종 소리 듣고 바로 나왔는데 아
무도 없더라고요." 그는 "대답이 없어서 아무도 없는 줄 알았
습니다." 하며 이미 떠났단다. 다시 방문이 가능하냐고 하니
"현관문 열어 놓고 계세요." 하는 말을 하면 전화를 툭 그야
말로 툭 끊었다.

문을 열고 배송원을 영접했다. 엘리베이터에서 내리는 택
배원에게 남편이 말했다. "성질이 급하시네요." 나는 속으로
'왜 저런 말을 할까.' 중얼거렸다. 역시나 택배기사에게서는
간단한 사과 한마디 커녕 "물량이 많아서 바빠요." 퉁명스러
운 말만 튕기듯 나올 뿐이었다.

벨 소리를 듣고 '나가요'하고 문을 연 시간이 몇 초쯤 걸렸
을까. 남편이 천천히 했다고 해도 이십 초쯤 걸렸을까. 관리
실에 있는 CCTV를 찾아보고 우리가 문을 열고 나간 시간과
택배기사가 우리 집 초인종 누른 후 엘리베이터를 탄 시간
차이가 얼마나 되는지 따져보고 싶다.

일각여삼추(一刻如三秋)라더니, 배송원에게는 잠깐의 시간이 한참 되었다고 확신했겠지. 그 정도면 무척 서둘러서 문을 열었다고 생각하는 나와 다르게, 그는 초인종 누르고 바로 답이 들리지 않으니 내려가려는 엘리베이터를 타면서 시간이 한참 지나갔다고 생각했으리라.

불쾌한 기분이 사라진 것도 아니지만 짧은 시간이 길게 느껴질 만큼 시간 싸움하는 기사가 짠하기도 했다. 사는 일이 팍팍하고 만만치 않다. CCTV 운운했던 나는 여유 없음에 부끄러워진다. 누군가에게는 일각여삼추, 다른 누군가에게는 삼추여일각. 한순간이 세 번의 가을이 지나가는 것처럼 길고 지루하게, 누군가에게는 세 번의 가을이 단 한 순간으로 느껴질 수도 있겠다.

내가 보낸 문자나 메일에 상대가 바로 답을 하지 않으면 서운하고 조급해지는 것 역시 내 기준, 내 잣대로 판단 때문이다. 상대가 '바쁜가, 답을 못할 상황인가 보다'라고 생각을 한다면 아무런 문제가 없다. 한발 물러서서 상대 입장과 상황을 생각할 수 있는 것도 각자 개인의 능력이겠지.

그 택배기사도 바쁜 하루 속에서 자신에게 할당된 물량을 소화시키려니 시간에 쫓길 수밖에 없었겠지. 여유 있게 고객을 대하면 좋겠지만 그의 일이 그를 그렇게 만들었으리라.

불편한 사람과 함께 있어야 할 때, 꼭 읽어야 하지만 재미없는 책을 읽을 때, 몸이 아플 때, 남편의 수술로 보호자 대기실에서 기다리고 있을 때는 그 시간이 거북이걸음이다.

반대로 원고 마감일은 왜 그리 빨리 다가오는지. 요즘처럼 수필 원고 마무리하려고 애쓸 때는 시간이 미끄럼틀 타는 듯하다. 오늘도 남편을 병원에 내려주고 인근 카페에서 노트북을 열고 글을 쓰기 시작했다. 커피 한잔하면서 청탁서를 다시 확인했다. '벌써 한 달이나 되었다고?' 그렇게 원고와 씨름하면서 모니터를 뚫어져라 보는 사이 한두 시간이 순식간에 지나갔다. 수필에 대한 사랑은 넘치나 필력은 못 미치니 어쩌랴.

– (20230420 학산문학여름호)

#좀비

여름이면 사라질 줄 알았던 코로나 19는 잠깐 주춤하다가 다시 고개를 들었다. 코로나 확진자가 7월 초 현재 일만 삼천여 명이고 사망자가 이백팔십여 명이다. 게다가 어디서 감염되었는지 확인할 수 없는 깜깜이 감염자도 늘고 감염력이 여섯 배인 변이 바이러스까지 출현했다고 하니, '좀비' 떼들이 연상되었다.

요즘 좀비 영화가 유행이라고 한다. 영화를 관람하면서 문득 좀비들도 시대에 따라 다르게 그려진다는 생각을 했다. 과거엔 좀비들이 흐느적거리며 슬프고 연약한 좀비로 느꼈다. 최근 영화에 등장하는 좀비들은 떼로 몰려다니며 엄청 달린다. 소리 지르고 난폭하다. 좀비역을 하는 이들이 이삼

십대 연기자들이라는데 고개가 끄덕거린다. *'영화 〈부산행〉, 〈창궐〉, 〈킹덤〉 등 이름하여 K-pop처럼 K-좀비라고 한단다. 좀비의 어원은 '부두교'에서 '이미 죽은 시신을 주술로 되살려서 인건비를 들이지 않고 노동을 하는 노예로 만든다'라는 뜻이란다.

상영관 수를 많이 차지하고 있는 영화 〈#살아있다〉를 보았다. 가족 모두 외출하고 혼자 있던 주인공은 자고 일어나니 아파트 밖이 좀비 세상이 된 것을 알고 허둥댄다. 좀비가 어떻게 생겼는지 원인을 알 수 없고 좀비에게 물리거나 먹힌 사람이 좀비가 된다. 주인공이 사는 아파트 주변은 좀비들이 살아있는 사람을 찾아 몰려다니고, 살아있는 사람을 발견하면 떼로 달려들어 물어뜯는다. 그 상황에 주인공은 살아남기 위해 고군분투한다.

〈#살아있다〉의 좀비는 '코로나 19'와 우리 주변에 일어나는 '폭력'들을 떠오르게 한다. 이들 상관관계를 찾자면 '영화 속 좀비들은 이유 없이 좀비가 된다. 살아있는 사람을 공격하여 좀비가 되게 한다. 감염된다. 파괴적이다. 폭력적이다. 영혼이 없다. 이기적이다. 피해자는 어처구니없이 당한다.'이다. 폭력범들은 공포 영화에 출연하는 좀비들처럼 누군가의 삶을 망가뜨린다. 요즘 뉴스에 오르내리는 사건을 보면 그들이 좀비가 아니고서야 어찌 저럴 수 있는가 생각한다. 다음은 내 좁은 사견으로 뽑은 좀비들이다.

#좀비 1

아동 청소년 성 착취 영상을 제작하고 구매하고 영상물을 올리는 집단들과 성폭력 범죄자들이다.

인권 의식도 높아지고 국가는 강력한 처벌을 하겠다고 하지만 '코로나 19' 감염자 수가 '제로' 인 경우가 별로 없는 것처럼 사건 발생이 없는 날이 없을 정도다. N 번 방사건이 진행 중인 이때 어느 중학교와 고등학교 여자 화장실에서 몰래카메라를 발견하고 범인을 잡고 보니 그 학교들 교사들이었다. '몰래카레라' 라는 용어는 잘못 되었다. 지독한 범죄인 '불법촬영'이다.

#좀비 2

아동 학대범이다.

최근 어느 블로거는 '악마를 보았다'는 제목으로 아동 학대 관련 글을 올렸다. 아이를 여행 가방에 가두고 그 가방 위에 올라가 밟았다는 끔찍한 기사가 나오더니, '학대를 견디다 못

해 맨발로 탈출 한 어린이가 최초발견자가 사준 음식을 순식간에 먹을정도로 굶주려 있었다.'는 기사가 떴다.

그 부모는 그 아이를 하루에 한끼만 주고 가두다가 쇠사슬로 묶어 베란다에 가두기까지 했다고 한다.

'악마를 보았다'는 말보다 더 심한 말을 하고 싶다.

#좀비 3

타인의 안전에 무관심한 운전자들이다.

상식을 넘어선 자들이다. 택시 기사가 구급차가 끼어들다가 충돌하자 우선 보내 달라는 응급차 기사와 보호자의 호소를 무시하고 사건 처리가 먼저라며 응급 차량을 보내지 않은 일이 있다. 일분일초가 중요한 환자의 처치가 늦어져 결국 그 환자는 사망했다고 한다. 보호자는 청와대에 그 택시 기사를 처벌해달라고 하는 청원을 했는데 지금 현재 동의한 자들이 오십 만 명이 넘었다고 한다

어제는 음주 운전자의 사고로 '울트라 마라토너' 세 명이 사망한 사건이 일어났다.

#좀비 4

우리 스포츠계에 사라지지 않는 폭력과 가혹 행위를 하는

집단들이다.

*2〈폭행 증언 쏟아졌는데…그들은 때린 적 없다, 사죄할 것도 없다. '12년간 폭력·비리 대책을 아홉 건 냈났지만, 선수들은 계속 맞았다.', '스포츠 폭력 등 비위 사건 때마다 '도돌이표' 정부〉라는 기사 제목은 누군가에게 도움을 청할 수도 없고 말할 수 없는 시스템에서 피해를 보고도 아무것도 하지 못하는 선수들의 현실을 말해주고 있다.

잠 자려고 눈을 감았지만, 폭력에 극단적 선택으로 세상을 등진 철인삼종경기 선수의 아픔이 자꾸 떠오른다. 체중조절을 못 한다고 폭언과 함께 폭력을 행사했다. 폭력이 시작되는 신호로 '이빨 깨물어' 라는 말을 듣는 선수의 심정은 어땠을까. 그 선수 곁에 있는 같은 선수 몇도 폭행에 가담했다고 한다. 빵을 스무 개도 아닌 이십 만 원어치를 억지로 먹게 했다는데. 중학생 때부터 이런 가혹 행위를 당했다니 어린 선수가 부딪히는 공포와 절망 그리고 무기력감은 죽음보다 더 참기 힘들었으리라.

#좀비 5

마스크 착용 시비로 폭력을 행사하는 자들이다.

이번 여름은 장기전으로 가는 '코로나 19'때문에 더 무더울 것이다. 대부분 사람은 서로 마스크를 착용해서 '코로나 19' 감염을 예방하도록 애쓴다. 대중교통을 이용하면서 마스크를 착용 않은 사람들로 인해 문제가 생긴다. 그들은 마스크를 쓰기보다는 운행을 방해하고 마스크를 착용하라고 요구하는 다른 승객이나 기사에게 폭력과 폭언을 행사한다. 이로 인해 운행을 지연시키고 함께 이용하는 많은 승객에게 피해를 준다. 급기야 경찰이 와서야 끝이 난다.

모 방송 특집에서는 '코로나 19 바이러스보다 빠르고 무섭게 전파되고 있는 참극에 관한 이야기'를 했다. 피해자인 마을버스 기사는 마스크를 쓰지 않고 타는 남자에게 마스크 쓰고 탑승해야 한다고 했다. 기사는 모두의 안전을 위해서 마스크 착용을 권했을 텐데. 그 남자는 다짜고짜 기사의 목을 물어뜯었다. 그 폭력범은 그 순간 정말 좀비라도 되었는가.

폭력 가해자들을 좀비에 비유한 것이 약간은 과장되고 억지스러울 수도 있다. 하지만 그들은 영혼을 가진 사람의 행동이 아니다. 인간의 탈을 쓴 악마이고 좀비라고 할 수밖에 없다.

좀비 같은 엄청난 폭력은 아니지만 나 또한 폭력에서 자유로운가. 피해자가 된 일이 있지만, 가해자였던 적은 한 번도 없었다고 말 할 수도 없다. 폭력 없는 세상을 위해 나부터 '폭력 감수성'을 점검을 해야 하겠다. 상대가 싫어하는 어떤 것도 강제한다면 폭력이고, 내가 싫은 것을 상대가 하게 하는 것도 폭력이다.

영화〈#살아있다〉의 주인공 아버지가 고립된 주인공에게 보낸 문자처럼 우리 사회에 만연한 크고 작은 폭력에서 '#살아남아야지'. 모든 폭력에서 자유로운 나와 너가 되어, 영혼을 가진 사람으로 #살아있자.

— (계간《학산문학 가을호》2020년 7월 10일)

*1 참고: 진한 글씨-네이버 블로그 참고
*2 참고:: 조선일보 2020년 7월 7일 기사

내 시간을 돌려줘

터널 끝이 보이긴 할 건가. 이 터널에 들어선 차들은 어떤 선택도 할 수가 없다. 무기력한 상황이다. 뒤로 후진해서 빠질 수도 앞으로 전진할 수도 없다. 무조건 자동차가 서있는 그 자리에 있어야 한다. 도대체 무슨 일이 일어난 건가. 설마 이대로 계속 터널 안에서 갇혀있는 건 아닐 테지. 내 차 앞뒤로 각종 차가 늘어서 있다. 이런 상황도 모르고 이 순간도 이 터널을 진입하려고 달리고 있는 차들이 많을텐데.

오후 두 시 강화도 선원면 한 아파트 경로당에서 강의가 있다. 여느 때처럼 넉넉하게 시간을 두어 열두 시쯤 나섰다. 수도권 제2순환고속도로 '인천 북항' 터널까지 제 속도로 왔는데 어인 일인지 갑자기 차들이 꼼짝 않고 있다. 2시부터 강의 시작이니 시간은 충분할 듯하다. 음악이나 듣자고 라디오 전원 스위치를 누르니 '교통사고로 정체되고 있으니 안전운전에 유의하라'는 안내가 음악 대신 계속 반복되어 나온다.

삼십 분, 그리고 한 시간이 지나갔다. 적어도 삼 십 분이면 이 정체가 풀릴 줄 알았는데 엄청나게 심각한 상황인지 시간만 지나가고 있었다. 한 시가 되어, 강의할 기관 담당에게 연락했다. 터널 진입하자마자 차들이 움직이지 않는다. 두 시까지 가기 쉽지 않겠다고 했다. 담당은 두 시까지 도착하기도 어려울 거라면서 시간을 바꾸자고 한다. 강의를 세 시에 시작하기로 했다. 차가 조금 움직인다. 두 시 삼십 분으로 변경한다고 할 걸 그랬나.

웬걸. 차가 움직일 생각을 하지 않는다. 조금 가다 한 참 정차하고 다시 조금 가더니 끝 차로 차들이 두 번째 차로로 움직이기 시작했다. 점점 맘도 머리도 무겁고 가슴도 답답하다. 폐소공포증이라면 한 시간가량 터널 안에 있으면 견디기 어려웠을 텐데 다행히도 나는 폐소공포증은 아닌 것 같다

몇 년 전에 본 영화 '터널'이 생각이 난다. 딸의 생일 케이크를 사 들고 퇴근하던 주인공이 터널에 들어서자 터널이 붕괴하여 고립되면서 벌어지는 영화다. 주인공이 달리는 차 뒤에서 터널이 도미노처럼 무너지고 무너지는 터널이 주인공 차를

덮는 순간이 떠오른다. 영화 장면과 지금 상황은 관계는 없지만, 맥없이 있으려니 생각이 난다.

계속 '교통사고로 정체되고 있으니 안전 운전하라'라는 멘트만 하지 말고 어떤 사고인지 지금 상황은 어떤지. 언제쯤 차들이 이 터널을 빠져나갈 수 있는지 알려줘야 하는 거 아닌가. 궁금증이 해결되면 기다려도 덜 답답할 것 같다. 도로공사, 경찰 누군가가 터널에 갇힌 우리에게(문득 연대감이 마구 생긴다) 상황을 자세히 알려줘야 할 의무가 있는 것 아닌가. 지금까지 보면 이와 같은 상황에 사명감으로 알려주는 관계자가 있길 바라는 것은 판타지 일지도.

이대로 갇혀있을 수밖에 없다면 어떻게 해야 하나. 슬쩍 불안하다. 창문을 내리고 조금이라도 상황을 알까 싶어서 목을 빼고 앞을 내다보았다. 환한 불빛이 보여 이제야 밖으로 나오나 했는데 햇빛으로 착각될 정도의 대형 트럭의 강한 라이트 빛이었다.

한동안 터널에 있을 수밖에 없는 상황에 짜증을 낸다고 밖으로 갈 수 있는 것도 아니다. 교통사고로 정체된다는 안내방송으로 방송 음악도 들을 수 없으니 시디로 음악을 듣는다. 모처럼 여유 있는 시간이다. 넘어진 김에 쉬어가라는 말도 있지 않은가. '피할 수 없으면 즐기라고 하는 데, 편하게 쉬자'라고 혼잣말을 했다. 조용히 차분하게 나를 생각하는 시간이다. 영원히 터널에 있진 않겠지 언젠가는 터널 밖으로 나오겠지.

　최근 몇 달 동안 마음이 천근만근 땅 밑으로 가라앉는 느낌이었다. 빠져나오고 싶지만, 너무 깊고 무거웠다. 새벽이면 울다가 깬 느낌이 하루 시작을 힘들게 했다. 해결해야 할 일이 생겨도 해보겠다는 의지가 생기기보다는, '귀찮아, 그냥 내버려 둬' 하는 마음이었다. 더 좋아질 일도 나아질 것이라는 기대도 해 볼 수 없는 상황이다. 미래를 꿈꾸기에 앞이 캄캄하다. 이대로 가다간 우울증으로 진행될 것만 같다. 빛이 없는 터널에 갇힌 것이다. 우울로 힘들다는 것이 이런 것이구나.

　한 시간가량 지나니 차들 움직임이 시작되었다. 긴급한 안내방송은 어느덧 사라지고 본래 방송 프로그램인 음악이 나온다. 심각한 상황은 정리가 되었나 보다. 차들이 가다 서다 하더니 한 차로로 차들이 다 들어서고 있다. 차들은 좀 더 속도를 내기 시작했다. 드디어 자연의 빛이 보이기 시작한다. 터널 끝이 보인다. 궁금했던 사고 그 현장을 지나가고 있다. 바닥에는 모래가 한가득 있고 끝 차로에는 30톤쯤 되는 덤프트럭이 견인되어 움직이고 또 한쪽에는 SUV 차량이 신문 더미가

비에 젖은 것처럼 망가져 있었다. 사람이 많이 다쳤을 것만 같다.

　별 탈 없이 터널을 지나온 것을 누구에게 감사해야 할까. 끝도 나지 않을 것 같은 터널의 시간이었는데 언제 그런 일이 있었냐는 듯 차들은 무심하게 질주를 한다.

　경로당 회원들이 나의 상황을 이해해주어 예정된 시간보다 한 시간 뒤에 강의할 수 있었다. 아무런 일이 없었던 것처럼 집으로 가고 있다. 언제 그런 일이 있었던가 싶다. 두 시간 전쯤 지나왔던 저 길을 지금 지나는 차들은 무슨 일이 있었는지 알 리 없다. 한 시간이나 터널 내에 갇혀있던 일이 어찌 난 것인지 궁금해서 검색하니, 지방신문에 터널 사고 기사가 떴다. 덤프트럭 기사가 도로정비 차량을 들이받으면서 전복하고, 적재한 모래가 도로 바닥에 쏟아지면서 터널을 들어선 모든 차가 한 시간 이상 꼼짝 못하고 있었다. 사고 차량 운전자는 면허 취소가 될 정도의 음주를 했다고 한다.

　끝이 보이지 않고 빛이 없을 듯한 나의 터널도 조금씩 빛이 보이더니 그 터널 밖으로 나온 듯했다. 상황은 별반 달라지건 없지만 어둡고 무거운 나의 터널이 다행히도 내 등 뒤로 물러

섰다. 마음은 물속에 있는 듯 가볍고 공기는 상쾌하다.

급할 때 뒷간 갔다가 나온 기분이 이렇겠지. 터널에서 벗어나기만 하면 좋겠다고 하던 나는 막상 터널을 빠져나와 약속 장소로 달리면서 소리 없이 외친다.

"내 시간 돌려줘!"

$-$ (20190705)

선풍기

해마다 여름이 다가올 때쯤이면 친지들이 생각난 듯이 묻는다.

"아직 선풍기 사지 않았어? 별난 집이네." 올 여름 선풍기도 없이 보냈다고 하면 아무도 믿지 않는다. '어딘가 냉방기를 감추고 쓰는 것 아닌가.' 장난기 어린 시선으로 재차 묻는다.

이번 여름은 정말 지독했다. 그야말로 인간의 존엄성을 지키기가 힘들었다. 품위 유지니 뭐니 생각할 겨를도 없이 난민들처럼 차가운 바닥만 찾아다니면서 잠을 청하곤 했다. 우리는 다음 여름이 오기 전에는 빚을 내서라도 냉방기를 반드시 꼭 설치하겠다고 단단히 마음을 먹는다. 냉방기 제조업을 하는 지인은 비수기가 돼가는 요즘도 주문량을 못 따라간다고 즐거운 불평을 하고 있다.

　그래도 시간은 저 갈대로 조용히 흘러 어느덧 곱던 단풍은 낙엽이 되어 색종이를 흘리고 지나간 듯 길 위를 수놓고 있다. 이제 겨울 맞을 채비나 단단히 하고 있으라고 한다. 하지만 올여름을 잊지 않았다면 아무리 춥다고 해도 수월하게 추위를 보내지 않을까.

　십 년 전 지금 사는 곳에 이사를 오기 전에는 목이 좀 건들거리는 선풍기나마 있었다. 이사하면 새로 사려고 버리고 온 것이다. 마침 살게 된 이곳은 일 층인지라 겨울은 중간 층보다 춥지만, 여름에는 이·삼도 기온이 낮았다. 그러니 한여름 며칠만 지내면 선풍기가 아쉽지 않았다. 그렇게 몇 년 지내다 보니 선풍기 바람을 쐬고 싶지 않았다.

　돈만 있으면, 원하기만 하면 다 가질 수 있는 세상이라고 말한다. 많은 것을 누리는 이들도 더 가지려고 허둥댄다. 절제와 여유를 찾을 수 없다. 비어있음과 모자람에서 오는 아름다움을 모른다. 넘쳐나는 물건, 화려한 쇼윈도, 요란한 조명, 시끄러운 자동차들의 소음 속에서 채워도 허기진 표정들만 떠다닌다. 남편은 이런 시절을 사는 아들에게 불편함을 감수하게 하고 참을성과 기다림을 가르치고 싶은 마음도 있는가. 아들은 한동안 선풍기 타령을 하다가 더위가 한풀 꺾이면서 불평이 사라졌다.

이번 여름엔 남편의 고집에 화가 났다. '괜한 멋이지. 술 담배도 절제하지 못하고 우리만 이 더위를 참으라고. 엉뚱한 것에 의미를 붙여 이렇게 불편하게 살 필요가 있나. 내년에는 정말 냉방기를 사고 말테다.'

남편의 생각을 다른 이들이 이해나 하겠는가. '아전인수'로 자기 생각과 다른 사람들의 생각도 같다고 착각하는 것 아닌가. 한여름에 우리 집을 찾아오는 이들은 얼마나 불편할까는 생각하지 않는다. 언젠가는 이웃집 아이가 우리 집에서 몇 시간 있기로 했다. 아들과 노는 것을 보고 잠시 나갔다가 오니 그 아이가 보이지 않는다. 자기 집으로 돌아갔단다. 걱정되어 이웃에게 연락해 보니 "형네는 선풍기가 없어서 더워요." 꼬마가 웬만하면 이웃 형과 노는 게 더 좋았을 텐데 얼마나 더웠으면 심심해도 혼자 자기 집에서 선풍기 바람 쐬는 게 낫다고 생각했을까.

여름에 찍힌 사진 속 남편은 늘 목에 손수건을 두르고 있다. 줄줄 흐르는 땀을 연신 닦으면서도 요지부동이다. 여전히 정신적 풍요함에 가치를 두고 약간의 청교도 정신으로 절제를 실천하고 이기심과 낭비를 경계한다. 비록 과도한 흡연과 음

주로 나와 아들의 원성을 듣는 결점도 있으나 지치지도 않고 자신의 고집을 밀고 나간다. 아들도 알게 모르게 남편의 말과 행동을 닮아간다.

달력을 한 장 넘긴다. 동양화의 설경이 펼쳐진다. 그림 안에서 조용히 눈이 내린다. 냉방기 설치 운운했던 일이 아득하다. 아마도 내년 여름이 돌아오면 냉방기는커녕 선풍기도 또 못 사게 될 것이다. '선풍기 없는 별난 집'이란 이웃의 핀잔을 다시 듣고 싶어서일까.

－ (1995년 제물포수필 26집)

짧은 수필

1. 나에 대한 예의

장에 있는 옷들을 다 꺼내 놓았다. 입지 않는 옷들은 정리하려고 한다. 재킷을 이리저리 살펴본다. 큰맘 먹고 산 것인데, 무리해서 지출한 옷인데 하며 버리길 망설인다. 좋아하는 디자인이어서 미련을 버리지 못한다. 내게는 화려하고, 품이 작고, 편하지 않다. 좋아하는 디자인이면 내 몸이 불편해도 신거나 입었다.

한 친구가 생각난다. 나는 좋아하는 사람이면 나에게 상처를 주고 편하지 않아도 관계를 이어가려고 그야말로 애를 썼다. 휴대폰이 없던 시절 친구들과 세월이 지나면서 연락이 끊겼는데 그 친구와는 운명이라고 생각할 정도로 이어졌다. 아들이 어렸을 때는 경상북도에 있는 시댁과 그녀의 집이 가까워서 그녀 집에 놀러 가곤 했다. 사십 년 전 이사와 지금까지 사는 이 도시에 몇 년 뒤에는 그녀도 이사를 왔다.

정기적으로 그녀를 만났다. 몸에 맞지 않는 옷이나 구두처럼 만났다가 돌아서면 개운치 않은 그 무엇이 있었다. 후에는 의무감으로 연락을 해서 만난 듯했다. 그래도 나는 모른 척했다. '내가 그런 느낌이었다면 그녀도 나에게 그런 감정 아니었을까.'라는 생각을 이제야 하게 되었다. 이런 관계는 아주 작은 틈에도 부서지기 쉽다. 수십 년을 면면히 이어온 사이 아니었나 싶다. 편하지 않은 것은 진즉 포기했어야 했다. 친구란 '아무것도 아닌 별것도 아닌 이야기를 편하게 하는 사이'라는 일본 작가의 글을 읽다가 나에게 미안했다. '편하지 않은 것'과 '좋아한다'가 어떻게 같은 자리에 있었을까. 그 세월이 아깝고 아쉬워서 억지로 이어 붙이는 그런 관계는 이제 그만하자. 인연은 여기까지였다.

다시 입겠다고 넣었던 옷과 신발장으로 다시 들어간 구두를 꺼낸다. 애초 버리려는 것들보다 더 많은 것들을 비닐봉지에 꾹꾹 눌러 담았다. 불편한 것은 좋아도 아까워도 버려야 한다. 그것이 나에 대한 예의 아니겠는가.

2. 동양화 습작기

묵향이 화실 가득하다. 회원들은 각자 자신의 캔버스를 마주하고 열심히 붓을 움직이고 있다. 고요하다. 나름대로 정신도 다듬는다. 붓에 옅은 먹물을 살짝 묻히고 진한 먹물을 붓끝에만 찍는다. 화선지에 붓을 가져간다. 처음에는 가늘게 시작해서 점점 힘을 주어 굵은 나무기둥이 나오게 한다. 그런 다음 그보다 가는 가지를 엇갈리면서 선을 긋는다. 뒤에 뻗어있는 가지는 앞 줄기에 닿지 않도록 적당히 붓을 멈추었다가 조금 띠고 그린다. 좀 더 가는 가지를 그리고 마지막으로 새잎을 피울 제일가는 가지를 그린다. 나뭇잎을 다 떨군 겨울나무 한그루가 내 앞에 서 있다. 나뭇가지에 붓 자국을 살짝 대면 초여름의 나무가 되고 더 진한 먹물로 자국을 내면 녹음 짙은 한여름 나무 한 그루가 나타난다.

붓을 잡은 지 몇 년이라고 하나 아직 내 이름조차 능숙하게 휘갈기지 못하는 얼치기다. 그럼에도 세월이 지나니 자연스럽게 묵화에도 기웃거리는 욕심을 부린다. 기회가 닿아 같이 서예하는 동인들과 동양화를 배우기 시작했다. 일주일에 두 번, 지도 선생의 설명을 듣고는 채본을 보며 겨우 흉내만 낼 뿐이다. 선생의 진도는 속절없이 진행되니, 그려야 하는 그림의 종류는 점차 늘고 있다. 난을 시작해서 대나무, 국화, 매화, 그리고 포도, 나팔꽃, 감나무, 동백꽃, 목련 등을 그리게 되었다. 나 몰래 보기에도 어색하기 그지없는 그림이지만 여러 가지로 좋은 계기가 되어 주었다.

나무 그리는 법을 배우기 시작했다. 그동안 생각 없이 지나친 나무들 모습은 각각 달랐다. 가지만 있는 겨울나무를 보면 새순이 보이고 아기 손 같은 연한 잎과, 울창한 숲이 보인다. 있는 그대로 가 전부는 아니다. 눈앞에 있는 사물 그 너머를 생각해본다. 따뜻한 관심은 생명 없는 사물도 살아나게 한다. 증오보다 무서운 것은 무관심이라고 한다. 지구에 사막이 점점 느는 것처럼 풀 한 포기조차 방치하면 시들다가 관심을 조금만 갖게 되면 싱싱하게 푸르름을 뽐낸다. 내가 따스한 관심으로 살고픈 세상을 만들자고 말하기에는 세상의 때가 너무 껴있다.

아, 감나무 가지에 감과 잎이 저렇게 달려있구나. 그래 장미꽃과 잎들은 이렇게 조화롭구나. 이웃집 담 너머 보이는 목련꽃의 움이, 오랜만에 가본 제주도의 동백꽃이 모두 나에게 '나 여기 있어요.'라고 말하고 있다.

어느덧 여고생 시절로 돌아간 신선한 느낌이다. 각자 그려
진 나무를 보면서 정말 살아있는 것 같다며 서로 추켜세운
다. 자신의 붓을 챙기고 캔버스를 제자리에 갖다 놓으며 먹
물 담긴 접시를 닦느라 잠시 소란하다. 집 앞에 있는 나무들
이 새삼스럽게 궁금해진다.

- (1996년 제물포수필 28집)

3. 깨를 볶으며

지난해 가을 중국에 갔다가 사 온 깨가 있다. 베란다에 팽
개쳐 놨더니 벌레가 생기는지 먼지 같은 것들이 깨를 덮었던
신문지에 왔다 갔다 한다. 심각한 게으름을 탓하면서 부지런
히 씻어 채반 몇 개에 말린다고 늘어놓았다. 마침 양념 깨도
떨어져, 한 바가지 퍼와서 달궈진 팬에 넣는다.

긴 주걱으로 휘휘 젓는다. 벌써 타닥거리면서 밖으로 튀어
나온다. 성질 급한 건 사람이나 깨나 비슷한가. 느긋하지 못
하고 혼자 파다닥 거리다가 손해 본다. 앞에 천천히 가는 차
를 추월하려고 속도를 내다가 과속 벌금 고지서 받아 든 내
꼴이다. 넓은 팬 안에서 얌전하게 톡톡거리면서 움직이는 것

들도 있다. 뜨거운 열탕에서 느긋하게 앉아 있는 사람처럼 아직 아무 소식이 없는 느긋한 깨도 있다.

점점 밖으로 튀어나오는 놈들이 늘어나고 있다. 패잔병처럼 이곳저곳에 널브러져 있다. 그놈들을 살살 달래느라 계속 저어주는데 참을 수가 없는가.

색이 점점 짙어진다. 이미 볶아진 것도 있고 아직 그 열기 속에서도 하얀 낯으로 태연하게 있는 것도 있다. 불길을 낮추고 계속 저어준다. 고소한 냄새가 나기 시작한다. 몇 알을 집어 손가락 끝으로 비벼본다. 조금 더 있어야겠다.

남편은 깨에 소금을 넣고 빻으라고 한다. 그래서 깨소금인가? 깨에 소금을 넣었는가 안 넣었는가 갑자기 기억이 안 난다. 임신 중에는 깨를 볶으면서 조금씩 집어 먹다가 보면 결국 다 먹고 말아 다시 볶곤 했었다.

얄미운 사람이 넘어지거나 뭔가 손해를 보면 '깨소금 맛이다'라고 하기도 하고, 갓 결혼 한 신혼부부들에게 깨를 몇 말이나 볶았냐고 묻기도 하고 부부 금실이 너무 좋으면 참기름 냄새가 담장 밖으로 솔솔 난다며 놀린다.

그러고 보니 깨들이 저대로 볶아지면서 톡탁톡탁하는 소리는 '왜 우리를 갖고 맘대로 놀리오!' 투덜대는 소리인 듯하다.

4. 뜸

오늘도 서실에 가질 못한다. 선생님께 검사를 받으러 가야 하는데 써둔 것이 없어서 곤란하다. 추석 차례에 쓸 병풍을 만든다고 큰소리는 쳐놨는데 생각처럼 연습이 안 된다. 여덟 장을 한꺼번에 쓰려면 약 세 시간 정도 걸린다. 몇 장 쓰고 쉰다거나 다른 볼일을 볼 수가 없다. 그렇게 되면 글씨의 흐름이 달라져 한 작품으로 볼 수가 없다.

모처럼 온종일 집에 있는 날이다. 이렇게 할 일이 있는데도 난 읽다 만 소설책을 읽기도 하고 커피 마시거나 이리저리 미뤄두었던 전화를 한다. 냉동실에서 떡도 꺼내 놓는다. 좀 써야 하는데 책상 앞에 앉게 되지 않는다. 답답하다. 물 한 잔 마시고 먹을 기계에 꽂고 스위치를 켠다. 화선지를 한 장 씩 접는다. 다시 주스를 마신다.

그렇게 반나절을 보내다 보면 편하게 쓸 수 있을 것 같은 기분이 든다. 이때 종이를 펴놓고 쓰면 글씨가 편안하게 써 진다. 계산상으로는 세 시간이라는 시간만 있으면 한 질을 쓸 수 있는데 실상은 그렇질 못하다. 외출했다가 들어와서 저녁 식사 시간까지 세 시간의 여유가 있다고 해도 뜸을 들이는 시간 때문에 결국 쓰지 못하고 만다.

밥을 할 때나 고구마를 찔 때도 뜸 들이는 시간은 중요하다. 뜸 들이는 시간을 줄인다고 센 불에 익히면 제대로 익지도 않고 타기만 한다. 나에게는 사람 사귀는 일도 마찬가지인 것 같다. 능력 있는 사람은 사람도 쉽게 사귀던데 나는 누군가와 친해지려면 그 뜸 들이는 시간이 많이 필요다. 만일 그 시간을 생략하고 누군가와 가까워졌다면 십중팔구는 꼭 실망하는 일이 생긴다.

붓글씨 쓰기나 사람 사귀기보다 더 심각한 뜸 들이기가 있다. 그것은 수필 쓰기이다. 수필 쓰기 위해 모니터 자판에 앉으려면 몇 시간이 아니고 몇 날 몇 주가 걸릴 정도다. 그래도 그렇게 뜸을 들여 나온 수필이 밥이나 붓글씨처럼 맛있지는 않으니 어인 일인지 모르겠다.

붓을 먹물에 담그기까지 몇 시간을 보내면서 이런저런 생각을 해본다. 나쁘지는 않다.

예측 출발 금지

교통 신호등 옆에 매달려 있는 '예측출발 금지' 표지판이 보인다. 운전자는 조금이라도 빨리 출발하려고 신호 주기를 예측하고 차를 움직인다. 나 또한 자주 다니는 곳은 신호 주기를 안다. 같은 시간 일주일 세 번 정도 문학터널 사거리에서 좌회전 신호를 기다린다. 정차한 곳에서 대각선으로 보이는 보행자 신호가 끝나면 적색 등이 켜지면, 속으로 일곱을 센다. 그러면 어김없이 좌회전 신호가 들어온다. 정확하지만, 나는 예측출발'을 하지 않는다.

'예측출발 금지' 교통 표지판을 볼 때마다. 그것이 단순히 운전에만 해당하는 이야기는 아니라는 생각이다. 말에도, 판단에도 '예측출발'은 위험하다. 특히, 누군가를 미리 짐작하고 판단할 때 그 예측은 쉽게 비난이 된다. 비난은 당하는 처지에서는 불쾌하고 굴욕적이다. '할 일 다 하지 않고 스마트폰만 보는 거야!' 하면 곧이어서 튕기듯 나오는 말은 '다 했는데, 알지도 못하면서.' 억울해서 눈물까지 글썽인다. 제대로 알지 못하고 맘대로 한 판단은 무기가 된다. 난 오늘 카페 직원에게 그런 아이가 되었다.

동생 생일이다. 서울에 사는 동생들 가족과 모였다. 시흥의 호숫가 근처에서 이른 점심을 먹고, 우리가 늘 가는 대형 카페로 자리를 옮겼다. 넓고 조용해서 아홉 명이 앉아 이야기 나누기에 좋다. 케이크와 차를 아홉 잔 주문하고 윗층으로 가는데, 판매대에서 직원이 "외부 음식은 드시면 안 됩니다." 하고 말했다.

분명 인원수대로 주문했고, 케이크도 조각이 아닌 통째로 구입했다. 나는 당황한 나머지 대응도 못하고 직원을 보다가, "왜 그런 말을 해요? 인원수대로 다 주문했는데?"라고 말하는 게 고작이었다. 직원은 "외부 음식을 들고 와서 드시는 분들이 있어서요."라고 답했다. "우린 그런 손님이 아니에요."라는 말을 덧붙이는 나는, 마치 착한 아이로 인정받고 싶어 변명하는 듯한 모습이었다.

　진동벨이 울리고, 동생이 케이크와 차를 들고 왔다. 초는 불을 붙이지 않고 꽂기만 한 채, 생일 축하 노래를 부르고 웃고 떠들며 시간을 보냈다. 그러나 집에 와서도 마음은 편치 않았다. 왜 그때 제대로 대응하지 못했을까. "우리가 외부 음식이나 들고 오는 손님으로 보여요?"라고 단호히 말했어야 했다.

　그 말을 들은 친구는 "그런 말은 외부 음식 먹는 사람에게나 해야지. 왜 주문한 사람한테 하는데?" 라고 쏘아붙이지 그랬냐 한다. 그때 그 말을 해줬어야 했는데. 아쉬웠다. 친구는 자기도 그 순간은 그 말이 생각나지 않았을 거라면서, "그 즉시 상대를 아프게 하는 말이 생각 안 나는 사람들은 마음이 선해서 그래."라며 위로한다. 누구나 순간에 할 말을 다 떠올리기는 힘들지.

　분이 풀리지 않아 T 카페 리뷰란에 글을 남기고, 사진과 함께 인스타그램에도 올렸다. 사실만 적었는데 시스템은 악성 댓글로 여기는지, 다시 시도하라는 안내만 올라온다. 직원이 내 글을 보고 반성할리 없겠지만 나는 작은 소리라도 내고 싶었는데 그마저도 쉬운 일이 아니다.

카페 직원은 편의점에 물건을 사려고 온 사람을 보고 대뜸 "물건 훔치지 말아요." 라거나, "돈을 내고 물건을 사세요." 라고 한 것과 같다. 직원의 선입견이나 고정관념으로 예측하고 손님을 범죄자 취급한 것이다. 지나친 비약처럼 들리겠지만 내가 당한 일이 바로 그렇다.

시간이 지나니 억울함도 옅어지고 마음은 반성모드로 진입하려고 한다. 내 아이에게, 지인들에게, 혹은 스쳐 간 누군가에게 나 역시 그런 예측으로 말하거나 판단한 적이 없었나. 아마도 아들에게 예전 일을 물어보면 억울했던 것들을 세다가 내 손가락까지 빌려달라고 할 것이다. 겁이 나서 차마 그런 질문은 못 한다.

공자의 말씀에는 삼인행필유아사언三人行必有我師焉 세 사람이 같이 다니면 반드시 스승이 있다고 한다. 내게 불쾌한 말을 한 카페 직원에게서도 배운 것이 있으니.

오늘도 나에게 소리 없는 구호를 외쳐본다. "예측출발 금지!"

　　　　　　　　　　－〈2024 수비서울경인 원고〉 2024.08.31

나의 라이딩 인생

기획사 다니는 지인에게서 공연 티켓을 받았다며, 친구는 내게 공연에 올 수 있느냐고 한다. 인천에서 예술의 전당까지는 자동차로 약 오십 분 걸린다. 아무리 좋은 공연이라고 해도 대중교통을 이용해야 한다면 망설였을 것이다.

사십여 년 전 친구들과 운전학원에 다녔다. 어떤 계기로 시작했는지 생각은 나지 않는다. 집 부근으로 오는 'OO 자동차 운전학원' 셔틀버스를 타고 세 명이 함께 다녔다. 학원으로 가는 버스 안에서 나는 이 겁나는 걸 왜 시작했는지 무척 후회했다. 운전 연습을 할 때마다 머리인지 가슴에서 안마기 소리가 났다. 친구 둘도 마찬가지였다. 셋은 면허를 갖기 전까지 "우리가 왜 이 겁나는 걸 하고 있지?"

그러던 어느 날은 운전학원에서 S 코스를 연습하던 친구의 자동차가 그야말로 붕 떠서 방지턱을 넘어간 일이 있었다. 모두 놀랐지만 오히려 당사자는 "왜들 그래?"하는 무심한 표정이었다. 우린 아무튼 그렇게 시작했지만, 그래도 모두 면허증을 갖게 되었다.

운전이 일상이 된 후, 무사고 운전자라고 말할 수 있으면 좋겠지만, 가끔 접촉사고를 내면서, 칠순이 된 지금도 운전대를 잡고 있다. 빌린 자동차로 제주도 여행을, 오기 쉽지 않은 섬, 백령도에서 강의하게 된 날은 일부러 일 박을 하면서 렌트한 자동차로 섬을 둘러보기도 했다.

예전에는 '사람들이 사고를 왜 낼까.' 할 정도였다. 그러던 내가 몇 년간 순간에 일어나는 자잘한 사고로 금전적 피해를 보다 보니 주눅이 든다. 하지만 운전을 하지 않을 수도 없다. 여행이나, 친구와의 약속 때문에 운전이 필요한 게 아니다. 친구들은 이 나이에 갖고 있던 자동차도 없애고 면허증을 반납한다.

드라마 '라이딩 인생'이 얼마 전에 종영되었다. 00동의 '7세 고시'를 앞두고 벌어지는 학부모들의 욕망과 질시, 치열한 경쟁을 그린 이야기이다. '라이딩'의 본래 뜻은 자전거를 타는 일이라는데, 여기서 '라이딩 인생은' 유치원에서 학원, 혹은 병원이나 심리상담 센터 등으로 태우고 다니는 생활을 말한다.

나의 '라이딩 인생'도 만만치 않다. 내가 태우고 다녀야 하는 짝꿍이 있다. 혼자 가면 되지 않느냐고? 그럴 수가 없다. 짝꿍을 '라이딩'하면서 인생의 후반기를 보내게 될 줄은. 남편을 병원에 태워다 주고, 이곳저곳에서 나름대로 뭔가를 하다가, 다시 병원으로 돌아가서 그를 태우고 귀가한다. 남편은 안과 정기 검진, 혈관 시술과 진료, 가끔은 종합병원 입원, 수술을 받았던 서울에 있는 종합병원의 정기 진료가 있다.

병원에서 차를 돌려 가고 있을 때 "보호자 분 응급실에 가야겠어요."라고 하는 전화는 절대사절이다. 그저 지금처럼 '라이딩'을 하기만 바란다.

폭우가 몰아치고, 폭설에 폭풍이 와도 운전을 해야 한다. '눈보라가 휘날리는 바람 찬 흥남부두에' 노래가 절로 부르고 싶은 날이었다. 11월 말경 '눈보라가 장관'이 아니고 끔찍한 폭설이 내렸다. 꼭 가야만 한다. 이글루로 변한 자동차를 끌고 나서야 했다. 앞만 보이도록 겨우 치웠다. 달리는 자동차 지붕 위의 눈이 흩날린다. 맞은편 차에서 날아오는 눈덩이가 앞 유리에 부딪힐 때마다 절로 몸이 움찔하게 된다. 가까스로 병원에 도착했다.

남편이 내리고 거리로 나섰다. 오늘은 도서관행이다. 우회전하려는 순간, 갑자기 전면에 두툼한 눈덩이가 내려왔다. 앞을 볼 수가 없다. 와이퍼를 작동시켰으나 눈덩이가 꼼짝도 하지 않았다. 자동차 지붕에 있던 눈덩이가 몽땅 앞으로 쏟아져 버린 것이다.

더 운전하는 것은 위험하다. 다행히도 주변에 지나가는 차들이 없었다. 가까스로 갓길에 정차했다. 이 순간, 나를 지키는 신령스러운 기운이 있는 것만 같았다. 큰 눈을 치울 도구가 마땅치 않다. 그래도 어쩌랴. 트렁크를 뒤져서 빗자루와 플라스틱 판으로 움직이지 않는 눈덩이들을 걷어냈다. 손목이 시큰하고 통증이 만만치 않지만, 다시 운전대를 잡고 앞으로 움직였다. "가자!"

(2025 에세이포레 겨울호)

지설완 수필집

아모르파티

인쇄 2025년 11월 12일
발행 2025년 11월 20일

지은이 지설완
발행인 서정환
펴낸곳 수필과비평사
주소 서울시 종로구 삼일대로 32길 36(익선동 30-6 운현신화타워) 305호
전화 (02) 3675-3885 (063) 275-4000 · 0484
팩스 (063) 274-3131
이메일 essay321@hanmail.net
출판등록 제300-2013-133호
인쇄·제본 신아출판사

ISBN 979-11-5933-613-3 03810
값 15,000원

Printed in KOREA

*이 수필집은 2025년 한국예술인 복지재단의 창작 지원금으로 발간되었습니다.